シリーズ・はじめて学ぶ社会福祉
⑦

地域福祉論

大島 侑 監修　杉本敏夫／斉藤千鶴 編著

ミネルヴァ書房

シリーズ刊行によせて

　ここ10年,社会経済はサービス化,情報化,少子化,高齢化,多元化,分権化という急激な変化のなかにある。福祉行政においても,老人福祉法等関係八法の改正,高齢者保健福祉計画や地方自治体の老人保健計画,さらには公的介護保険の導入等,多様な政策展開の試みがみられる。しかし,その実はいたずらに体制づくりのハード面の策定のみにとらわれ,その理念や国民的合意に基づく内容や基盤整備を含むソフト面に立ち遅れの感があることは否めない事実である。

　これらの状況を踏まえて,本シリーズは基本的な考え方として,原点をふまえつつ考え直す (rethinking) というスタンスをとり,初心者にも容易に理解でき,しかも一味違うものにしたいとの思いをこめて企画した。そのために,極力明解な解説と独創的な発想を心がけ,社会福祉の考え方と論理を身につけられるように配慮した。

　各執筆者にも,社会福祉のあり方をめぐって,援助技術や分野別の項目について充分検討をいただき,バックボーンとなる思想,さらには福祉専門職が取り組んでいる実践活動をふまえたうえで,新展開への指針を示すことができるように留意していただいた。

　多忙ななか執筆いただいた方々と,ミネルヴァ書房のご協力に対し改めて感謝の意を表したい。また本シリーズを福祉専門職,学生をはじめとする社会福祉に関心のある多くの方々に目を通していただき,ご批判やご意見をいただければ幸いに思う次第である。

　　1998年6月

大島　侑

まえがき

　1990年代中ごろから始められた介護保険制度の創設と社会福祉の基礎構造改革の取り組みは，第2次世界大戦後に確立されたわが国の社会福祉制度の基本的な考え方そのものを転換するものであったし，それを基盤に構築されていた制度をも大きく変えるものであった。
　それらのなかでも，とくに措置制度の廃止と契約による社会福祉利用の制度化は最も重要な改革であったが，それとともに社会福祉法のなかに盛り込まれた地域福祉の推進と重要視も大切なポイントである。地域福祉という用語や考え方や実践はかなり以前からあったものであるが，その法制化によって新しい意味付けがされたものであるし，これからの社会福祉は地域福祉を軸にして展開されるものとも予測される。
　そのような意味で，これからの社会福祉の学習には地域福祉の学習が非常に重要になると考えられる。しかし，その一方で，社会福祉の制度改革によって地域福祉そのものが非常にわかりにくくなっている現実もある。
　地域福祉とはどのような福祉で，誰を対象にして，誰が主体になって行われるものなのであろうか。新しい時代の地域福祉はこのような基本的な問題から構築していくことが必要である。ぜひ多くの人に本書を読んでいただきたいと考えている。

　　　　　　　　　　　　　　　　　　　　　　　　編者　杉本敏夫
　　　　　　　　　　　　　　　　　　　　　　　　　　　斉藤千鶴

目　次

まえがき

第1章　地域福祉とは……………………………………………………1

1　地域福祉とは何か……………………………………………………1
「地域福祉」の前身…1　「地域福祉」が生まれる背景…2　「住民主体」の考え方…3　コミュニティケア…4　ノーマライゼーション…4　福祉政策としての地域福祉…5

2　地域福祉の概念………………………………………………………6
地域福祉の概念と理論…6　地域福祉の構造的概念…6　地域福祉の機能的概念…8

3　地域福祉の理論化……………………………………………………9
地域福祉理論化の動き…9　自治型地域福祉論…10　参加型地域福祉論…11　地域福祉の発展と展開にむけて…12

第2章　コミュニティの理解……………………………………………16

1　コミュニティの意味…………………………………………………16
コミュニティの語源…16　コミュニティの共通要素…18　コミュニティは喪失されたのか…19　地域社会と混用されるコミュニティ…20　地域社会のあり方としてのコミュニティ…21

2　地域福祉の基盤としてのコミュニティ……………………………24
シーボーム報告にみるコミュニティ…24　バークレー報告にみるコミュニティ…25　基盤としてのコミュニティ…26

第3章　日本における地域福祉の歴史…………………………………29

1　戦後から1980年代までの地域福祉…………………………………29
戦後から1950年代…29　1960年代…31　1970年代…33　1980年代…35

2　1990年代から現在までの地域福祉……………………………………38
　　　　　　1990年代…38　2000年代…40

第4章　地域福祉の対象とサービス……………………………44
　　　1　地域福祉の対象……………………………………………………44
　　　　　　地域福祉の対象とは…44　方法の多様化…47　実践の多角化
　　　　　　…50
　　　2　地域福祉における具体的なサービス……………………………51
　　　　　　地域福祉におけるサービス体系…51　サービスの新たな展開と
　　　　　　その具体例…54

第5章　地域福祉とコミュニティーワーク…………………59
　　　1　コミュニティーワークとは何か…………………………………59
　　　　　　用語の整理…59　アメリカにおける展開…60　イギリスにおけ
　　　　　　る展開…61　コミュニティにおける援助…63
　　　2　地域の組織化………………………………………………………64
　　　　　　地域組織化とは…64　現代の地域組織化…65　地域組織化の方
　　　　　　法…65
　　　3　福祉の組織化………………………………………………………66
　　　　　　福祉組織化とは…66　福祉組織化と福祉コミュニティ…68
　　　4　コミュニティ・ソーシャルワークへの展開……………………69
　　　　　　コミュニティーワークとコミュニティ・ソーシャルワーク…69
　　　　　　コミュニティ・ソーシャルワークの確立にむけて…70　これか
　　　　　　らのコミュニティワーカー…71

第6章　地域福祉と社会福祉協議会……………………………74
　　　1　社会福祉協議会とは………………………………………………74
　　　　　　社会福祉協議会とは…74　社会福祉協議会の性格…75　社会福
　　　　　　祉協議会の活動原則…76　社会福祉協議会の機能…76
　　　2　地域福祉と社会福祉協議会のあゆみ……………………………77

社会福祉協議会の萌芽期…77　社会福祉協議会の創設期…77　コミュニティケアの登場と体系化…79　地域福祉論の登場と体系化…80　在宅福祉サービスの展開期…81　社協の基盤強化と市町村社協の法制化…82　長寿社会対策大綱と在宅福祉サービスの実体化…82　福祉関係八法改正と「新・社会福祉協議会基本要項」…83　ふれあいのまちづくりと事業型社協…83　基礎構造改革と社会福祉法の制定…84

3　社会福祉協議会の事業と課題……………………………86
社会福祉協議会の現状…86　社会福祉協議会の事業とその課題…86

4　地域福祉と権利擁護……………………………………95
地域福祉権利擁護事業…95　福祉サービスに関する苦情解決…97

第7章　地域福祉のマンパワー……………………100

1　地域福祉と専門職………………………………………100
福祉専門職の考え方…100　資格と経過…102　地域福祉…102　マンパワー対策…103　専門職マンパワー…104　非専門職マンパワー…106　社会福祉サービス利用支援マンパワー…107

2　地域福祉と地域住民……………………………………108
制度でみる住民参加と地域福祉…108　その他の制度でみる住民参加…110　事例：重度障害者の地域生活支援システム…112　地域活動の多様化…113　地域に福祉を築く…114

第8章　地域福祉とボランティア，NPO……………118

1　ボランティアとは………………………………………118
広がるボランティア…118　ボランティアとは…119　ボランティア活動の現状…120

2　NPOとは………………………………………………122
NPOとは…122　NPO法の成立と施行…123　NPOの現状…126

3　地域福祉とボランティア，NPO………………………128
ボランティア，NPOの役割…128　ボランティア，NPOの推

　　　　　　　　　　　　　　　　　　　　　　　　　　　　目　次

　　　　　進方策…*130*

第⑨章　地域福祉におけるセルフヘルプ活動……………*134*

1 セルフヘルプグループに関する基本用語の理解………………*134*
2 セルフヘルプグループの概要……………………………………*136*
　　　セルフヘルプグループの歴史の概要…*136*　セルフヘルプグループの種類と背景…*136*
3 セルフヘルプとは…………………………………………………*137*
　　　セルフとは…*137*　ヘルプとは…*138*　セルフケアなどとの比較…*138*　セルフヘルプの具体例…*138*
4 セルフヘルプグループでのセルフヘルプの展開の過程………*139*
5 精神障害者のために必要なサービス……………………………*141*
6 セルフヘルプ運動…………………………………………………*142*
7 セルフヘルプグループにおける相互援助………………………*146*
8 セルフヘルプがなされる要件……………………………………*147*
9 セルフヘルプグループに参加したＡさんの物語………………*148*
　　　家族会では…*149*　家族会を通して…*149*

第⑩章　地域福祉計画……………………………………*151*

1 地域福祉計画の展開と背景………………………………………*151*
　　　社会福祉における計画の展開…*151*　社会福祉計画の背景…*153*
2 地域福祉計画の内容………………………………………………*154*
　　　社会福祉法と地域福祉…*154*　社会福祉法と地域福祉計画…*156*　地域福祉計画の理念，内容，作成方法…*157*　地域福祉計画の策定方法…*159*

第⑪章　地域福祉と介護保険……………………………*167*

1 介護保険制度創設の経緯とその理念……………………………*168*
　　　介護保険制度創設の経緯…*168*　介護保険制度創設の背景…*168*
　　　介護保険制度の理念…*169*

2　介護保険制度の概要 ………………………………………………… *170*
　　　　保険者と被保険者…*171*　介護保険の財源と保険料…*171*　介護
　　　　保険で利用できる介護サービス…*172*　介護サービス提供の手順
　　　　…*174*　サービス利用の相談とサービス利用…*179*　介護保険事
　　　　業計画…*180*　苦情処理…*181*

　　3　介護保険制度と地域福祉 ………………………………………………… *181*
　　　　介護保険制度における低所得者対策…*182*　要介護度のしくみと
　　　　地域福祉…*183*　ケアマネジメントと地域福祉…*183*

第12章　地域福祉の実践例 ………………………………………………… *185*

　　1　特別養護老人ホームを拠点として ………………………………… *185*
　　　　高齢者福祉施設の現状…*185*　配食サービス…*186*　生きがい型
　　　　デイサービス…*188*

　　2　社会福祉協議会を拠点とした実践事例 ………………………… *191*
　　　　概況…*192*　阪神・淡路大震災のこと…*193*　地域福祉推進計画
　　　　…*194*　計画に沿った社協の取り組み…*194*

終　章　地域福祉の課題と展望 ………………………………………… *200*

　　1　地域福祉概念の混乱 ……………………………………………………… *200*
　　　　地域福祉における「地域」の理解…*200*　地域福祉とは何か
　　　　…*201*

　　2　地域福祉と行政 ……………………………………………………………… *202*
　　　　地域福祉とコミュニティ政策…*202*　地域福祉と地方自治…*203*

　　3　地域福祉の課題と展望 ………………………………………………… *207*

コラム
　　ボランティアとは──共に歩む…*13*
　　コミュニティ研究の源流──テンニースとマッキーバー…*27*
　　専門職化の変遷──福祉ニーズへの対応…*115*
　　ボランティア，NPOセンターの動向…*131*

さくいん ……………………………………………………………………………… *209*

第1章

地域福祉とは

　本章では，地域福祉とは何かについて学ぶ。地域福祉という用語が頻繁に使われ出したのが1970年代に入ってからであり，それ以来，現在まで35年足らずしか経っていない。すなわち地域福祉の研究や実践はまだ歴史が浅いのである。もちろん地域福祉の源流をたどれば，地域福祉に連なる活動は100年以上も前からすでに行われていたが，「地域福祉」として認識され実践活動が推進されるようになってからはまだ日が浅い。そのため「地域福祉」とは何かについて，いまだ定義を確立するには至っていない。

　確かに今「地域福祉とは何か」と問われて，私たちは即答できるであろうか。地域福祉は単に「地域における福祉」ととらえたらよいのか。つまり社会福祉の一分野としての地域福祉なのか。児童福祉，高齢者福祉，障害者福祉と並ぶ，「地域」福祉としてとらえてよいのか。地域福祉を学ぶ人が最初に抱く疑問である。本章では地域福祉について，その用語が誕生する背景，その考え方や理念，概念と研究者による理論化の道筋をたどり，地域福祉についての理解を深める。

1 地域福祉とは何か

「地域福祉」の前身

　わが国における社会福祉研究の第一人者，岡村重夫（1906～2001年）の著作『社会福祉学　各論』（1963年）から社会福祉の分野についての記述をみてみよ

う。そこでは,『日本社会福祉年鑑』(全国社会福祉協議会編, 昭和35年版)が「社会福祉事業の分野と実態」として対象者の種類を基準に, 社会福祉を9分野に分けていることを紹介している。現在の地域福祉の前身にあたると思われるものは, 最後の第9項目に「地域社会福祉活動」とある。その内容としては, ①社会福祉協議会, ②共同募金運動, ③保健福祉地区組織活動の三つがある。すなわち現在の地域福祉に連なる活動は, 当時はさまざまな社会福祉事業の一分野としての位置づけがなされていた。[1]

　こうした背景をみると, 現代の地域福祉を理解するとき, 児童福祉や高齢者福祉と並ぶ一分野として,「地域福祉」をとらえてしまうのも当然といえる。岡村重夫が同書で「元来, 社会福祉活動は, 最初から理論体系的に整備せられ, 或は事業を開始するのではなくて, 個々の日常的な生活要求に触発させられて個々別々に発生してきたものであるから, 社会福祉の分野が, いわば自然的事実として成立するのはやむをえない」[2]というように,「地域社会福祉活動」も自然的事実として積み上げられていった。しかし現在の地域福祉に発展する過程で, 新たな理念の導入や政策的意図が込められたことで,「地域福祉」がわかりにくいものになったのも事実である。

「地域福祉」が生まれる背景

　当時「地域社会福祉活動」という社会福祉の単なる一分野に収まっていたものは, その後の社会情勢の変化を受け, 新たに「地域福祉」という名称を付与され, 今や社会福祉関係者が総力をあげてその推進に力を注ぐまでに, 地域福祉の社会福祉における位置づけは重要なものになった。

　1945年の敗戦後の日本は, 戦後処理として社会福祉制度を急速に発展させた。それは貧困者の救済であり, 戦災孤児や軍人などの保護対策が中心であった。一方, 日本経済はめざましい発展を遂げるが, 国民が豊かさを手に入れる一方で, 大気汚染や工場廃水などによる公害が全国各地で発生し, 多くの犠牲者を生み出した。

　1950年代後半から60年代にかけての高度経済成長による工業化, 都市化の進

展は急速で，都市における暮らしは，希薄な人間関係を中心に暮らしにくいものとなった。当時の社会福祉政策は，貧困者対策と並び「収容保護」としての施設建設が進められ，施設偏重政策が続いた。用語としての「収容」は当時の社会において違和感なく用いられた。

　1960年代は高度経済成長により噴出した社会問題に対し，住民運動や公害闘争などが展開された。それと並行して，現在の「地域福祉」に連なる前身としての「地域社会福祉活動」は，当時，共同募金運動や保健福祉地区組織活動などが社会福祉協議会を中心に続けられた。しかし1973年のオイルショックによる経済不況で，福祉見直しとして，新たな福祉政策としての「地域福祉」が登場する条件が用意されていった。

「住民主体」の考え方

　1951年に設立された社会福祉協議会は，アメリカで発展したコミュニティ・オーガニゼーションの手法を活動の基礎として，地域組織化活動を展開した。1962年，全国社会福祉協議会がまとめた「社会福祉協議会基本要項」では，社会福祉協議会の「性格」について，「住民主体」の原則を打ち出した。この「住民主体」の考え方は，現在の「地域福祉」における重要な理念のうちの一つでもあり，1960年代の社会福祉協議会活動は，現代の「地域福祉」に連なる重要な理念を内から提起し，発展させていった。

　また同基本要項では，社会福祉協議会の「機能」について，ソーシャル・アクション（社会行動）の重要性を強調している。このソーシャル・アクションは，社会福祉協議会の行う組織活動を真に住民主体のものとしていくうえで，欠くことができない重要な機能とされている。

　一方，日本の社会福祉研究者の間においても，海外における先進的な社会福祉活動や政策，理念についての研究が進められ，新たな理念や原理が日本へ導入され，政策に生かされていく。

コミュニティケア

イギリスでは，1957年の「精神障害者および知的障害者に関する王立委員会勧告」で，「インスティテューショナルケア（施設ケア）からコミュニティケアへ」が提唱された。長期入院・入所者は，その多くが適切な保健・福祉サービスが地域に整備されれば，自宅に戻り，社会復帰ができるというものである。

こうしたコミュニティケアの考え方は，その後のイギリスの社会福祉政策に大きな影響を及ぼした。具体的には1971年の地方自治体社会サービス部の再編という，児童，障害者，高齢者など対象者別に行う縦割り行政の弊害を打破し，個人に焦点を当てて援助するパーソナルソーシャルサービス（日本では「対人福祉サービス」と訳されている）の確立へとつながる。

日本において最初にコミュニティケアの用語が用いられたのは，1970年の東京都社会福祉審議会答申「東京都におけるコミュニティケアの進展について」である。その前年1969年には，国民生活審議会調査部会コミュニティ問題小委員会の報告書で，「コミュニティ――生活の場における人間性の回復」が示された。これらを契機に，日本の社会福祉政策も「地域」に目を向ける機運が一気に高まり，地域福祉におけるコミュニティケアの位置づけは重要なものとなる。

ノーマライゼーション

加えて「ノーマライゼーション」という新しい理念がデンマークで生まれ，スウェーデンでも提唱され，アメリカに渡り研究が深められ，わが国にも1970年代に導入された。1969年，デンマークのバンク-ミッケルセン（Bank-Mikkelsen, N. E.）は，知的障害者に地域で生活するというノーマルな環境を与えるべきであり，それがノーマライゼーションの目的であるとした。また同じく1969年，スウェーデンのニルジェ（Nirge, B）は，知的障害者の日常生活は一般の人が体験する生活形態に近づけるべきであり，それがノーマライゼーションの原理であるとした。

ノーマライゼーションという新しい理念は，もともと1952年頃，デンマーク

における知的障害児の親の会が，巨大施設にいる子どもたちが地域で暮らせるように運動を起こしたことから生まれた考え方である。日本においてもこの理念が社会福祉政策に与えた影響は大きい。それは「脱施設化」や「在宅福祉」の推進に力を与え，ひいては社会福祉の基本理念の一つにすえられるほどの地位が与えられた。そのことが，現在の「地域福祉」に社会福祉政策を背負ってたつ重責が与えられることへとつながる。つまりよく言われる，「新しい社会福祉のあり方としての地域福祉」，あるいは「新しい社会福祉サービスシステムとしての地域福祉」という表現が生まれることになる。

福祉政策としての地域福祉

1971年から75年までの5年間における施設整備計画として「社会福祉施設緊急整備5ヵ年計画」がたてられたが，一方では「施設の社会化」や「脱施設化」など，施設中心政策を疑問視する傾向も強まった。福祉先進国から新たな福祉理念としてノーマライゼーションやコミュニティケアなどの新風が吹き込まれ，日本における社会福祉政策は「在宅福祉」の方向が明確に打ち出される。

そうした背景のなか，オイルショック後の財政見直しに伴う「福祉見直し」論議が高まる。低成長下における社会福祉のあり方を検討するなかで，一部の考え方として施設という建設費のかさむ施設福祉政策より，財源が節約できる在宅福祉政策のほうが安上がりである，という見方もあった。しかし社会福祉関係者の立場は，今後の新しい方向として「在宅福祉」「地域福祉」を推進すべきであるという考え方で一致していた。

1973年のオイルショック以後，社会保障・社会福祉費の自然増に伴う膨張は，低成長下で財政赤字に悩む国にとって財政の硬直化の「元凶」として福祉がやり玉にあげられた。財政当局としては，社会福祉の新しい方向性としての「在宅福祉推進論」を追い風として，「福祉の見直し」をするべく，「家族の含み資産」を活用した「日本型福祉社会の構築」のために「地域福祉」政策に期待が込められ，その推進がなされていく。

1974年，岡村重夫は『地域福祉論』を著し，「新たに地域福祉の理論体系を

提示する試論(3)」を示した。また1978年,社会保障研究所の馬場啓之助は,「社会福祉は人びとの日常生活圏が家族機能を内に含みながら,これを補完する福祉コミュニティとしての内実を備えることを要求している」として,「社会福祉の日本的展開」について述べている。さらに「かつての農村共同体が衰退を余儀なくされた現在,とりわけその重要さを増してきた(4)」とし,当時の社会福祉政策としては,「家族の含み資産」を活用できる「在宅福祉」を含む「地域福祉」が国の政策として明確にうちだされることになる。

2 地域福祉の概念

地域福祉の概念と理論

前節でみたように,「地域福祉」の登場は,福祉関係者など福祉サイドから,内なる要求としての方法論として提示された。と同時に,地域福祉が公的施策に取り上げられる背景として,行財政改革推進のなかで政策として「地域福祉」が強調されたことは,「安上がり福祉」などの批判を浴び,地域福祉の本質からすれば矛盾をはらむものでもあった。しかし研究者による地域福祉研究は活発に行われ,地域福祉の確立に向けて多くの研究者が概念化や理論化を試みる。

牧里毎治は,1980年代までの研究者による地域福祉論の研究成果を「構造的概念」と「機能的概念」の二つに分けて整理している。牧里は,地域福祉を人間の体にたとえ,人間の体が骨格や筋肉などの構造と感覚や動作などの機能との複合体で成立することから,地域福祉政策も事業や活動が構造と機能によって成り立つと考えたという(5)。

地域福祉の構造的概念

まず構造的概念によって把握される理論は,さらに制度政策論的アプローチと運動論的アプローチの二つに分けられた。

制度政策論的アプローチから地域福祉をとらえたのは,右田紀久恵であると

する。右田は,地域福祉を「生活権と生活圏を基盤とする一定の地域社会において,経済社会条件に規定されて地域住民が担わされてきた生活問題を,生活原則・権利原則・住民主体原則に立脚して軽減・除去し,または発生を予防し,労働者・地域住民の主体的生活全般にかかわる水準を保障し,より高めるための社会的施策と方法の総体であって,具体的には労働者・地域住民の生活権保障と,個としての社会的自己実現を目的とする公私の制度・サービス体系と,地域福祉計画・地域組織化・住民運動を基礎要件とする」と概念化している。

右田は1973年にこの概念化を行った著書の中で,「地域福祉が巧妙に体制的にビルト・インされないための,研究視点の設定が本項の課題である」と述べている。つまり,当時の時代背景を受けて体制側に都合よく「地域福祉」が利用されるのではなく,住民の権利と主体性にもとづき内なる要求と必然性から地域福祉を創造すべきことを強調しているのであろう。

また制度政策論的アプローチに近い規定として,井岡勉の定義をあげている。それは,「地域福祉は,資本の運動法則によって必然的に生み出された住民(労働者・勤労住民)の地域生活条件をめぐる不備・欠落や悪化・破壊が進行する中で,これに抵抗する社会運動を媒介に社会問題として提起された地域生活問題に対する社会的対策の一翼である」とする。井岡は1980年に著書でこのように述べ,1984年には「わが国の地域福祉・在宅福祉は,住民生活を守る方向でのまともな展開条件を欠いたまま,より大きな政策目的を達成するための手段として,不当に一面化され,歪曲されて,総動員させられている」と述べ,地域福祉・在宅福祉が長期経済計画や政策提起のなかで,日本型福祉社会への一環として組み込まれ,方向づけられていることに憂慮を示している。

次に運動論的アプローチの代表的な論者として真田是の地域福祉論があげられている。それは,「①産業政策をとおして地域の経済的基盤を強め,住民の生活の基礎を発展させること,②過密・過疎問題にみられるような生活の社会的・共同的な再生産の部分の遅れやゆがみを正すこと,③これらの措置を住民の自主的な参加=運動の支えによって行っていくことである」としている。

地域福祉の機能的概念

　機能的概念においても，対象となる理論は主体論的アプローチと，資源論的アプローチの二つに分けられている。

　まず主体論的アプローチには，岡村重夫の地域福祉論がある。それは，「地域社会で発生する生活諸困難（福祉問題）を可能なかぎりその地域社会で解決を図るところに地域福祉の原点をおき，地域福祉を地域社会が問題解決する機能体系とみなすところに最大の特徴がある。それゆえ，地域住民の主体的で共同的な問題解決プロセスと住民の組織的な問題解決力の形成が重視される[11]」としている。

　岡村は，地域福祉の構成要素を示した図（図1-1）をさして，「たしかに地域福祉の「理念型的図式」ともいうべき全般的展望を示すものであって，一見現実ばなれのした理想図でしかないと思われるかもしれない。しかし従来の社会福祉サービスにおいてみられたような，思いつき的な発想や政治的圧力の結果，生れる近視眼的サービスの弊害を避けて，長期的な社会福祉計画のもとに，系統的に地域福祉サービスを発展させてゆくためには，このような地域福祉サービスの体系が必要である[12]」と述べ，理論とそれに伴うサービス体系の重要性を指摘している。

　そして，「このような全般的な見透しをまずもって用意したのちに，そのなかから何を優先させるべきかを選択することが始めて可能なのである。社会福祉ニードと対象者の当面の需要（demannds）とは，必ずしも一致するとは限らない。この両者を一致させる説得力は，このような合理的な地域福祉計画である」とも述べている。2000年の社会福祉事業法改正による社会福祉法では，市町村地域福祉計画に関する規定がはじめて法律に明記されたが，岡村は1974年の著書ですでに地域福祉計画の重要性を指摘していたのである。

　次に資源論的アプローチの代表的な定義には，永田幹夫の地域福祉論があげられている。それは，「地域福祉とは，社会福祉サービスを必要とする個人・家族の自立を地域社会の場において図ることを目的とし，それを可能とする地域社会の統合化および生活基盤形成に必要な生活・居住条件整備のための環境

図1-1 岡村重夫の地域福祉における構成要素

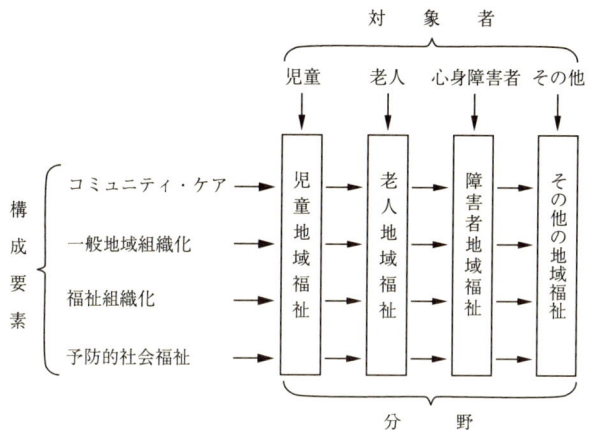

（出所）　岡村重夫『地域福祉論』光生館，1974年，63頁。

改善サービスの開発と，対人的福祉サービス体系の創設・改善・動員・運用，およびこれらの実現のためにすすめる組織化の総体をいう」とされている。

　永田幹夫は，1970年代に高まった在宅福祉論をうけて，1979年，全国社会福祉協議会事務局長として『在宅福祉サービスの戦略』（全国社会福祉協議会）をまとめる中心的役割を果たしたが，永田の定義は次節にみられる「在宅福祉型地域福祉論」ともいわれている。

3　地域福祉の理論化

地域福祉理論化の動き

　前節では，牧里毎治が1980年代までの地域福祉の理論とされている諸説を，構造的概念と機能的概念の二つに分けて整理したものをみた。しかし牧里は，「このような「構造と機能」で捉える方法が，1990年代以降の地域福祉政策や地域福祉実践に有効かといえばやや翳りが見えてきている」として，「1990年代以降の地域福祉の概念をどのような枠組みで捉え直すか，ポスト構造・機能論，脱構造化論が求められている」という。

実際，1990年以降も，引き続き多くの研究者が地域福祉の理論化を試みている。そうした研究の過程で「在宅福祉型地域福祉論」「自治型地域福祉論」「参加型地域福祉論」などが生まれる。それは全く内容の異なる地域福祉論ということではなく，各理論の強調点あるいは特徴を示すものとしてその名称がつけられているのである。
　「在宅福祉型地域福祉論」は，前節の機能的概念における資源論的アプローチからとらえられた永田などの地域福祉論がこれにあたり，文字通り在宅福祉サービスに重点を置いた理論である。時代的に，1970年代以前の施設偏重時代からの反省で，在宅福祉の重要性が強調されていた時代に生まれた地域福祉論である。その意味では，いまや在宅福祉サービスの重要性とその位置づけは地域福祉においてゆるぎないものとなっており，「在宅福祉型地域福祉論」はその役割を十分果たしたといえる。

　自治型地域福祉論
　次に「自治型地域福祉論」は，右田紀久惠による地域福祉論が代表的なものとされているが，前節でみた構造的概念のうちの制度政策論的アプローチによる1973年の右田の地域福祉論から，地方分権化などの時代の流れを受け，展開・発展したものといわれている。
　右田は，「住民の主体力や住民組織・当事者組織に共通する要件に，「自治」概念があると仮説設定」し，「自治から生み出される共同性・公共性」は，「「公私協働」の理論的根拠として求められることを予想」する。そして，「「自治型地域福祉」という，あらたな地域福祉研究の視覚から，ポスト・モダンないしローカル・デモクラシーを特徴づけ，展開しよう」とする。さらに，「公私協働を含めた総体としての地域福祉実践は，公共的営為の一部であり，それゆえに地域福祉概念には，"あらたな「公共」の構築"を含む」とする。
　日本のこれまでの「公共」の概念は，「公共事業」「公共の福祉」といった使い方のなかで，全体重視の立場から，個の利益より全体の利益を優先し，地域住民や援助を必要とする人々を切り捨てる手段に用いられた。そして，本来

「公共」の主体である住民の生活を二の次にする全体重視の公共概念のままでは、「「公」「私」協働はタテ型上下関係にとどまり、補充・代替の域を脱し得ず、「私」の民間性そのものも、おのずから限界がある」として、右田は「あらたな公共」の概念を提起している。[18]

さらに、「あらたな「公共」の構築」は、「公私協働の基礎概念として、また参加の必然性として、地域福祉概念の検討に不可欠な要件である」[19]としている。そして、「地域福祉概念でいう主体論や、あらたな「公共」の構築という視点からの参加論」においては、「個人（住民）の主体性のあらわれとして内発性をとらえ、参加と内発的発展が不可分であり、それが参加システムを介して、あらたな「公共」の構築にむけてこそ、地域福祉の内実化と考える」[20]としている。

参加型地域福祉論

1980年代には、高齢化社会に突入したにもかかわらず、一向に進展しない在宅福祉サービスの整備に、いち早い動きをみせたのが武蔵野市福祉公社であった。福祉公社による在宅福祉サービスの提供に続き、「住民参加型在宅福祉サービス」が各地で誕生していった。いわゆる「有償（有料）ボランティア」という用語が生まれ、住民が自ら動き始めた。

さらに1990年には、社会福祉関係八法改正（正しくは「老人福祉法等の一部を改正する法律」）により、社会福祉事業法（現社会福祉法）の基本理念に「地域に即した創意と工夫を行い」と謳（うた）われ、各自治体も地域住民も、社会福祉や地域福祉の問題を自らに引き寄せる流れが醸成されていったといえる。

「参加型地域福祉論」の代表的理論としては、大橋謙策の地域福祉論があげられる。すなわち、「地域福祉とは自立生活が困難な個人や家族が、基礎自治体や生活圏を同じくする地域において自立生活ができるようネットワークをつくり、必要なサービスを総合的に提供することであり、そのために必要な物理的、精神的環境醸成を図るとともに、社会資源の活用、社会福祉制度の確立、福祉教育の展開を総合的に行う活動」[21]としている。特徴としては、地域福祉の構成

要件に「福祉教育」の必要性をあげているところであろう。

　大橋は地域福祉展開の考え方として10項目をあげている。すなわち①全体性の尊重，②地域性の尊重，③身近性の尊重，④社会性の尊重，⑤主体性の尊重，⑥文化性の尊重，⑦協調性の尊重，⑧交流性の尊重，⑨快適性の尊重，⑩迅速性の尊重，である。「⑧交流性の尊重」では，核家族時代にあって若者や青年は，高齢者などとの交流の機会が少ないことから，学校教育や社会教育活動のなかで，高齢者，障害者，乳幼児などとの交流を促進するための「福祉教育」の重要性を指摘している。

地域福祉の発展と展開にむけて

　もともと「地域社会福祉活動」として，①社会福祉協議会，②共同募金運動，③保健福祉地区組織活動を行っていたものから，社会福祉の発展に伴い「地域福祉」が生まれた。社会福祉協議会は，まずその活動の根拠を「地域組織化」におき活動を続けた。時代は進み「施設福祉」から「在宅福祉」へと流れが変わり，施設「収容」の言葉も消え，施設「入所」を経て，「入所者」は「入居者」に，ひいては「利用者」へと用語は変遷をたどった。これは「与えられる福祉」から「参加する福祉」への動きとも通じるところがある。「住民参加型福祉」が登場し，「利用者主体」，「主体形成」の理念へと発展していく。(図1－2)

　1990年の社会福祉八法改正による社会福祉事業法（現社会福祉法）では，その理念についての条文には「地域等への配慮」として「地域に即した創意と工夫を行い」という表現にとどまり，「地域福祉」の用語はまだ登場していない。2000年の改正・改称により社会福祉法の第4条において初めて「地域福祉」が明記された。それは「地域福祉の推進」と題して「地域住民，社会福祉を目的とする事業を経営する者及び社会福祉に関する活動を行う者は，相互に協力し，福祉サービスを必要とする地域住民が地域社会を構成する一員として日常生活を営み，社会，経済，文化その他あらゆる分野の活動に参加する機会が与えられるように，地域福祉の推進に努めなければならない。」とある。

第1章 地域福祉とは

図1-2 地域福祉の潮流

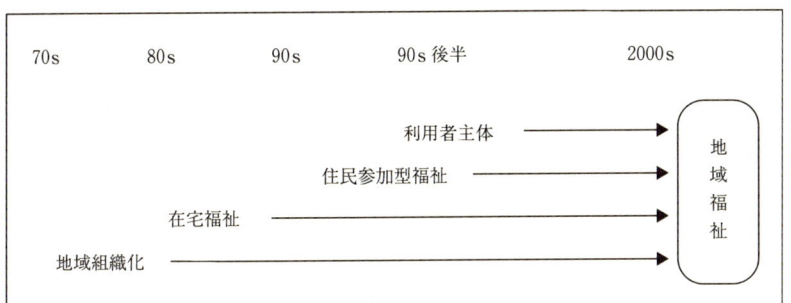

(出所) 大森彌編著『地域福祉と自治体行政』ぎょうせい，2002年，65頁。

　1970年前後に地域福祉の用語が登場してから，30年の歳月を要したわけである。その間，社会福祉は発展し，地域福祉も実践の積み上げがなされた。いまや地域に住む生活者の自立支援が，社会福祉の基本理念とされる時代である。これまでは人任せの福祉で済んだ時代でもあり，無責任でも済まされた。しかしこれからの地域福祉は「新しい社会福祉サービスシステムとしての地域福祉」として，われわれ地域住民にその役割と責任を与えている。われわれ一人ひとりが，できることから一歩を踏みだそう。地域福祉は，いまやその役割と意義が名実共に認められ，表舞台への登場を許されたことで，ようやくスタートラインに立ったといえようか。

=== コラム：ボランティアとは――共に歩む ===

　今から15年前，突然原因不明の聴覚障害の身となった。その時の驚きと絶望の気持ちは今思い出しても胸が痛む。それと同じくして，また現在の私の充実した生活が得られるとは夢にも考えられないことだった。(中略)毎日を絶望の日々で過ごしていた時，私に手を差しのべてくれたのが手話ボランティアだった。(中略)手話を勉強しつつ点字もやり視覚障害者のボランティアをしているMさんにお会いしたのは，そんな気持ちの時だった。
　そしてある日，Mさんと二人でSさん宅を訪れた。彼女は手術の出来ない脳腫瘍のため，目がみえなくなったそうだ。(中略)私たちの訪れは彼女にとって日頃のさまざまなうっ憤のはけ口だった。堰を切ったように話しつづける彼女のお相手はMさんだ。私には彼女の言葉は聞きとれない。(中略)

暫く話し続け一息ついたSさんが、ふと気がついたように「あらいい香りがする、なんでしょう。」と首をかしげた。じっとあたりをうかがう様子のSさんに、「それはYさんの香水なのよ、彼女とってもおしゃれなの。」とMさんがおしえた。(中略)「有難う、来て頂いて嬉しい。こんな香りは久し振り」といつまでも私の手を握っていた。それから2か月に1度ほどMさんと私の、二人三脚の香りの訪問が始まった。

(中略) 私も障害者相談員となって多くの障害者と接してゆき、ボランティアの役割や意義についていろいろと考える場を与えられた。経済的なゆとり、時間的なゆとりのある、有識階級の人達のシンボル的な行事みたいに考えて来たボランティア。受ける身になって初めて分ってきた。ボランティアは奉仕をあげることではない。Sさんが喜んだ時、私もSさんから喜びをもらった。彼女と過ごした時間は充実した時間だった。彼女も私も共にいることで満された。それがボランティアではないか。

手話もどんどん新しい表現に変わってきた。ボランティアの表現の意味も変わった。両手の人差し指を左右からつけ、共にを表し、次に人差し指と中指2本で歩く様に両手を動かす。そうなんです。共に歩むことこそボランティアなのです。同じ立場に立ってお互いに助け合い共に歩む。その表現は私達障害者にとって大変嬉しいことだ。奉仕を上げる、それを頂くという卑屈な思いはもうない。だから私は相談員の仕事で通訳が必要な時、「仕事よ、頼むわね」の一言ですむ。頼まれた手話通訳者達も、「オーケー」と軽く受けてくれる。そして二人で出掛け、共に仕事を片づける。自然に作り上げられた助け合える生活、そんな生活が今の私をささえてくれる。障害者も健康な人も、何も意識しないで、共に生活してゆけること、すべての人が皆なボランティア、今私はそう考えている。

出典：大橋謙策監修・編著『社会福祉基礎』中央法規出版，1997年，123頁。

引用文献

(1) 岡村重夫『社会福祉学 各論』柴田書店，1963年，6～7頁。
(2) 岡村重夫，前掲書，5頁。
(3) 岡村重夫『地域福祉論』光生館，1974年，1頁。
(4) 社会保障研究所編『社会福祉の日本的展開』全国社会福祉協議会，1978年，ⅱ頁。
(5) 牧里毎治編著『地域福祉論』川島書店，2000年，4頁。
(6) 牧里毎治・野口定久・河合克義編『地域福祉』有斐閣，1995年，7頁。

(7) 右田紀久惠ほか編『現代の地域福祉』法律文化社，1973年，1頁。
(8) 井岡勉「地域福祉論の課題」嶋田啓一郎編『社会福祉の思想と理論』ミネルヴァ書房，1980年，272頁。
(9) 右田紀久惠，井岡勉編著『地域福祉 いま問われているもの』ミネルヴァ書房，1984年，43頁。
(10) 牧里毎治・野口定久・河合克義編，前掲書，8頁。
(11) 牧里毎治・野口定久・河合克義編，前掲書，9頁。
(12) 岡村重夫『地域福祉論』光生館，1974年，63〜64頁。
(13) 永田幹夫『地域福祉組織論』全国社会福祉協議会，1981年，35頁。
(14) 牧里毎治編著，前掲書，川島書店，2000年，5頁。
(15) 右田紀久惠編『自治型地域福祉の展開』法律文化社，1993年，2頁。
(16) 右田紀久惠編，同上書，法律文化社，1993年，3頁。
(17) 右田紀久惠編，同上書，9頁。
(18) 右田紀久惠編，同上書，10〜11頁。
(19) 右田紀久惠編，同上書，13頁。
(20) 右田紀久惠編，同上書，23頁。
(21) 『新版・社会福祉学習双書』編集委員会『地域福祉論』全国社会福祉協議会，2002年，19頁。
(22) 『新版・社会福祉学習双書』編集委員会，前掲書，2002年，21〜23頁。

読者のための推せん図書

右田紀久惠・上野谷加代子・牧里毎治編著『福祉の地域化と自立支援』中央法規出版，2000年。
　——本書は，社会福祉の地域化と，自立支援にかかわる論文で構成されている。地域福祉の価値・思想や主体形成にかかわる理論構築の課題をはじめ，介護保険制度や社会福祉基礎構造改革との関連での地域福祉のあり方が論じられている。

大森　彌編著『地域福祉と自治体行政』ぎょうせい，2002年。
　——地方分権化の時代にあって，自治体は，地域福祉の計画的な推進に向けて地域における福祉行政をどのように展開していくのかが問われている。さらに地域福祉における「公私協働」が可能かどうか，自治体職員の意識と行動が本書の焦点となっている。

第2章

コミュニティの理解

　この章の目的は，地域福祉を考えるに当たって不可欠の概念になる「コミュニティ」を取り上げて，その意味するところのものを理解することにある。
　コミュニティという用語は日常的によく使用されていながらも，専門用語として明確に定義づけられているわけではない。そのために，さまざまなイメージがそこに混入しやすく，地域福祉を論じる上での「頭痛の種」であったといえる。
　ここでは，まず最初に，主に社会学においてこれまで行われてきた研究を振り返りながら，地域福祉にとってのコミュニティの意味を考えてみたい。その上で，シーボーム報告とバークレー報告を基にしながら，いかなる意味でコミュニティが地域福祉の基盤であるとされているのかについて考えてみたい。

1 コミュニティの意味

コミュニティの語源
　「コミュニティ」といった場合に，私たちはどのようなイメージを喚起するだろうか。ある人は，この言葉を聞いて「わが町」を想像したり，あるいは故郷の村を思い浮かべたりする。そこには，親しい人々が住み，お互いに助けあいながら穏やかに暮らしている，というものである。そして，そうしたコミュニティは次第に失われつつあるという嘆きが同時に表明されることもあるだろう。そんなイメージがある一方で，別の人は，「芸術家のコミュニティ」とか「非

第2章 コミュニティの理解

行少年のコミュニティ」という用法に代表されるように，ある特定の共通事項を有する人たちが共同生活をしている場，あるいはその集まりといった印象をこの言葉にもっていたりする。

そうかと思うと，現在のEU（ヨーロッパ連合）はかつてはEC（ヨーロッパ共同体）と名乗っていたのであるが，この場合のECのCとは，すなわちコミュニティのCであり，そこに加盟している国々の集まり（共同体）という意味さえもっている。このように，コミュニティという言葉はかなり身近に使用されていながらも，非常に多義的な概念であることに気づく。

もともと，コミュニティという語はラテン語のコムニス（communis）から派生したといわれている。このコムニスには，対等という意味で，しかも「関係や感情を共有した」というニュアンスをもった言葉であったのだが，中世になってから，当初の抽象的な意味ではなく，「仲間の集まり，町の仲間たち」というように，より具体的な対象を指し示すようになっていったとされる。

しかし，今日において欧米でもコミュニティという場合に決まった定義があるわけではない。コミュニティという概念の定義については，社会学を中心にこれまでさまざまな議論がなされてきた。しかし，Encyclopedia of Social Work（第19版）の「コミュニティ」の欄には，コミュニティの定義が98も存在しているとの研究が紹介されており，また94編に及ぶコミュニティに関する文献を分析したヒラリー（Hillery, G.）は，コミュニティの定義について一致した見解はなかったと結論づけている。このように，研究者の間でもこの言葉について明確な定義を打ち出せていない状況がうかがえる。

こうした状況を受けて，イギリス・プリマス大学のポップル（Popple, K.）は，地域社会学者エイブラムス（Abrams, P.）の次のような「宣言」を紹介している。すなわち，英国の社会学ではコミュニティという概念はいくぶんであるが徐々に排除されつつある。なぜならば，コミュニティがきわめて多義的に使われ，あまりにも多くの文脈で使われるために，この言葉自体が正確な意味をほとんど欠いてしまっているからである，と。

コミュニティの共通要素

このように曖昧さを否定できないコミュニティ概念であるが，一致した見解はたとえ得られなくても，さまざまな定義の中にいくつかの共通要素が存在していると考えられる。この共通要素の抽出を試みた研究も多く成されているが，その中でも有名なのが先のヒラリーの業績である。彼は，94の文献を調べた結果，それらの3分の2は「地域（area）」性，「社会的相互作用（social interaction）」性，「共通の紐帯（common ties）」という3つの要素について一致したと述べている。つまり，曖昧であるといわれていたコミュニティとは，上記の三要素を中心に構成されている概念であることが明らかにされたのである。

「地域」性とは，文字通り，一定の地理的範囲があることを示し，2つめの「社会的相互作用」性とは，地域性の中で，家族，親類，友人，同僚などとの社会関係が取り結ばれ，この社会関係を軸にさまざまな資源を交換しあうことを表している。そして，最後の「共通の紐帯」とは，相互作用し合う人々の中で共通の情緒的な絆が存在することを意味している。この絆の存在によって，「われわれ意識」と呼ばれるものがコミュニティ内部に生まれる。それは，濃淡の差はあれども「われわれ」とそうでない他者とを区別し得るような，情緒的な一体感である。なお，「社会的相互作用」性と「共通の紐帯」については，あわせて「共同性」とされることもある。こうした「共同性」の存在ゆえに，独自の態度，価値観や行動が生まれるという事実に考えが及べば，コミュニティとは，そこに含まれる人たちの「価値にふれあう意識や行動の体系」，あるいはその「準拠枠組み」をも意味することにつながっていくという理解に行き着くことができるだろう。

コミュニティをこのように考えると，最初に述べた「わが町」にも「ＥＣ」にも，そこにこれらの要素が認められるのであれば，確かにそれらはコミュニティとして把握できることになる。したがって，コミュニティにはさまざまなレベルで多様なものが存在することになるし，個人が複数のコミュニティに所属しているということも起こり得る。

コミュニティとは，人類にとって家族と並んで普遍的な存在であるとさえい

われている。なぜならば，私たちはこうしたコミュニティの上で生まれ，そこで生活しているからである。そして，コミュニティからさまざまな価値，規範を学び，成長し，社会化されていくことになる。つまり，何のコミュニティにも所属することなく全く孤立した存在としては，人は生きていけない。生物としては生きられても「社会的存在」ではなくなってしまう。したがって，コミュニティとは「社会的生物」としての人間の本質に根ざした存在であるがゆえに，それは普遍的なのである（なお，家族も「地域」性と「共同性」を有していると解釈されるが，一応，コミュニティとは別であると位置づけておきたい）。

コミュニティは喪失されたのか

ところで，社会の産業化，都市化が高度に進んできた今日において，これまで述べてきたようなコミュニティは，縮小し，あるいは，すでに崩壊してしまったのではないかという見解があるかもしれない。先のポップルによれば，コミュニティについての主たる見方というものは，かつての「良き時代」に存在していたものを理想化したものであるという。すなわち，暖かく，親愛に満ち，そしてお互いがよく結びつきあった（強い社会的結合のある）「場」，というものである。[3]今はもう失われた昔の良きものというノスタルジックなイメージで，コミュニティという言葉がとらえられがちであるとポップルは指摘している。コミュニティとは，幻想であり，失われたものに対する哀愁の気持ちを惹起させる存在なのである。このことは，言い換えれば，コミュニティが縮小し，消滅しつつあるからこそ，あるいはすでに失われてしまったからこそ，こうしたノルタルジーが生じるという認識を生むことになる。

こうしたコミュニティ喪失論に対しては，コミュニティをどうとらえるかによってまた異なる見解を示すことができるかもしれない。ここでは，カナダ・トロント大学のウェルマン（Wellman, B.）らの研究を紹介してみたい。[5]ウェルマンらによれば，産業化や官僚制化による社会的分業の進展によって，人間関係のつながり（ネットワーク）がどのような影響を受けたのかという疑問

(community question）については，大きく3つの見解があるという。1つは，社会的分業の結果，人間関係が希薄化してしまい，共同性が失われてしまったとするコミュニティ消失（community lost）説，2つめは，こうした社会変動にもかかわらず，これまでの人間関係は強固に存続し続けていると見なすコミュニティ存続（community saved）説，そして，対人関係の広がりが近隣や職場といった従来考えられていたような狭い範囲にとどまらず，そうした制約を超えて広がった緩やかなネットワークが形成されているとするコミュニティ解放（community liberated）説である。

そして，トロント市で調査を行った結果，上記の3つの見解の中でもコミュニティ解放説がもっとも適切であるとウェルマンらは結論づけている。人間関係の集まり（ネットワーク）をコミュニティと見なしている点から明らかなように，ウェルマンらは主に共同性の観点から分析していくアプローチを取ったのであるが，それにしても，コミュニティも時代の変遷とともに変化している存在であるがよく示されているように思える。その場合には，ヒラリーのいう「地域」性については厳格にこだわるのではなく，これまでよりもかなり広い空間的範囲でとらえていく必要性があることになる。いうまでもなく，その背景には，交通手段の発達や電話，電子メール，あるいはインターネットに代表される通信情報技術の進化がある。

地域社会と混用されるコミュニティ

コミュニティにはさまざまなものが存在すると先に述べたが，そうした見方は広義のコミュニティ理解ということになる。わが国では，あえて邦訳せずにそのままコミュニティという場合が多いのであるが，福祉分野では，「地域」とか「地域社会」と混用されてきたし，現在もされている。地域福祉においても，むしろ冒頭で述べた「わが町」に近いとらえ方がされている。後述するように，必ずしも地域社会＝コミュニティではないのであるが，とくに，「地域」などといった場合は単なる行政単位（都道府県，市町村，地区など）を意味することも少なくない。つまり，ヒラリーのいう「地域」性のみに注目した概念

であるといえる。その関連で，従来は，「地域」，「地域社会」と同様にコミュニティも単純な地理的範囲を指す言葉としてルーズに解釈されてきた。しかし，これまで見てきたように，欧米においてコミュニティとは地理的範囲だけにとどまらずそれ以外の要素（共同性）を含めたある一定の構造を有したものとして受け止められるようになったことを受けて，わが国でも同様のとらえ方がされるようになっている[7]。

それは，地域コミュニティ（Local community）として把握できるものであり，いわば狭義のコミュニティとして位置づけられるだろう。つまり，「一定の地理的な範域の中で共同生活を営む人々の集合」といった意味になる[6]。もちろん，それがコミュニティであるためには，「地域」性だけではなく「共同性」が要件としてそこに兼ね備わっていなければならないのはいうまでもない。したがって，「地域」とか「地域社会」とは異なる概念としてコミュニティをとらえていくことになる。そこで次に考えなければならないのは，この「地域」，「地域社会」とコミュニティとの関係であろう。

さて，コミュニティに対して，「地域社会」の方は，ここではとりあえず地理的範囲にとくに焦点を当てた概念として理解しておくことにするが，一口に地域社会といっても実にさまざまな性格のものが存在している。連帯感が溢れた地域もあれば，現代の都市生活に代表されるように，マンションの隣室に誰が住んでいるのか皆目不明という，相互関係が断絶し，住民がバラバラに隔絶されたような地域も存在している。この意味でも，地域社会が以上の意味でのコミュニティと等式では結ばれないことがよく理解できるだろう。

地域社会のあり方としてのコミュニティ

地域福祉の出発点とは，そもそも社会福祉が対象とするような生活問題が地域社会の中で発生する以上は，生活問題をそこから引き離して見ていくことはできないという問題意識にあったと思われる。地域社会がおかれている経済的社会的条件はさまざまであるし，それぞれが負っている歴史的背景も異なっている。これらの要因によって，地域社会が示す姿は実に多様なものになる。

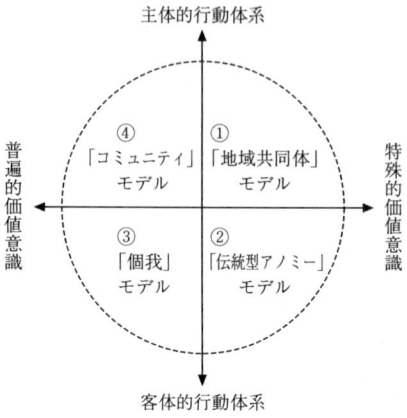

図2-1 地域社会の分析枠組（奥田モデル）

（出所）奥田道大『都市コミュニティの理論』東京大学出版会，1983年，28頁。

この多様性をモデル化して整理していると思われるのが，次の奥田道大の研究である[(4)]。奥田は，2つの軸をもとにして地域社会の分類を試みている。まず1つめは，住民が自ら「主体的」に価値を創造していこうとするのか，それとも体制とのかかわりにおいて対象化された「客体」にとどまるのかという「主体化—客体化」という軸である。もし，地域社会のさまざまな問題に主体的に取り組もうとするのであれば「主体化」の方に位置づけられるのに対して，行政等関係部署に働きかける（圧力を加える）ことで問題の解決を図ろうとする傾向が強まれば「客体化」（実際の問題解決は，住民ではなく行政などが行うという意味で）の方に振られることになる。

2つ目の軸とは，住民によって紡ぎ出された価値が「普遍的」な意味を有するものなのか，それとも「特殊的」なものかというものである。後者が，他の地域社会からは断絶した価値や行動が強調されるのに対して，前者は，他の地域社会と交流を行い，連帯しうる価値を共有できている状態を示している。

こうして得られた2軸を交差して得られたのが，図2-1の地域社会の分析枠組である。この枠組からは，4つのモデルが導き出されるであろう。まず，「地域共同体」モデルの地域社会とは，伝統的なムラ社会をイメージすればわかりやすい。そこでは，密度の濃い近隣人間関係を基礎にして，閉鎖的（特殊）な共同体意識の下で主体的な行動に従事する。2つめが「伝統型アノミー」モデルであり，都市化の進展によって典型的に見られるようになった地域社会である。住民相互のつながりは薄く，地域社会のことについて無関心である。地域のことは，熱心な住民の誰かに任せておけばよいという意識がかい

ま見られる。こうした状況では，住民が主体的に行動することは少なく，自分の地域社会に対してすら無関心である以上は，他の地域社会と連帯し得るような普遍的価値の創出には至らないことになる。3番目に挙げられるのが「個我」モデルであり，最初の「地域共同体」モデルとは対照的な性格をもつ。住民の問題意識は高く，とくに市民的な権利について自覚しているという意味では普遍的な性格をもつ。大規模団地社会がその象徴的な例とされる。しかし，市民的権利を具体的に実現するルートとしては行政サイドに向けられがちであり，その意味では客体的である。最後に，「コミュニティ」モデルとは，「主体的」であり，同時に「普遍的」価値意識の創出を可能とするような地域社会である。それは，一言でいえば，「地域社会は自分の生活上のよりどころであるから，住民がお互いにすすんで協力し，住みやすくするように心がける」というような地域ということになるだろう。「コミュニティ」モデルの地域社会では，「地域共同体」モデルと異なって，個々の住民の権利は尊重され，プライバシーも十分確保されることになる。

以上の各モデルは理念的なものではあるが，奥田によれば，「コミュニティ」モデル以外の3つのモデルは，「コミュニティ」モデルに発展する潜在性を有しているとされる。その意味では，「コミュニティ」モデルが「地域社会」の目標として位置づけられている。ただし，それには「個我」モデルがまず前提になるとも指摘される。なぜなら，「コミュニティ」の実現のためには，市民的権利に目覚めた「個我」としての住民の成立が欠かせないからである。もっとも，「コミュニティ」モデルへの道は決して直線的なものではなく，場合によっては「地域共同体」モデルへの回帰もあり得る。というのも，権利に覚醒した「自由人」も，それが極端に走ると，周囲から孤立化してしまう不安が強まっていく。その反動として，共同性が過度に強調される方向に傾斜してしまうこともある。それは，伝統的なムラ社会＝「地域共同型」モデルに戻ることに他ならない。さらには，「コミュニティ」モデルの地域社会を創出していくことは自然過程的なものではなく，耐えざる実践過程を通して，はじめてその具体化が実現すると奥田はいう。

以上が奥田の分析枠組であるが，そこからも地域社会がいかに多様なものであるかがよく理解できる。同時に，この枠組の中であるべき地域社会の姿に「コミュニティ」と冠されていることは非常に象徴的である。もちろん奥田のいう「コミュニティ」と本章の最初で考察した「コミュニティ」とは意味が異なるのであるが，それにしても，あるべき地域社会は実践的，あるいは運動の力を通して構築されていかなければならないという奥田の視点は，地域福祉にとって重要な意味をもつ。つまり，「地域社会」が「地域コミュニティ」であることは決して所与のものではない。ここに，地域福祉の実践的な意味が存在しているのである。

2 地域福祉の基盤としてのコミュニティ

　地域福祉の立場では，コミュニティといった場合は地域コミュニティの意味になることを述べた。したがって，そこには一定の地理的範囲内であること（地域社会）が強調され，その内部での共同性に関心が寄せられることになる。地域福祉を，地域社会の住民相互の協力（共同性）によって地域全体の福祉を向上させていく取り組みであると解釈するのであれば，地域福祉とはまさしく地域コミュニティの実現を目標にして，あるいはその共同性をうまく活用しながら展開する諸活動に他ならない。その意味では，コミュニティは地域福祉の基盤なのである。

シーボーム報告にみるコミュニティ

　こうした視点の一例として，1968年のイギリス・シーボーム報告を見てみよう。岡村重夫によれば，同報告では，コミュニティの共同性（共通のアイデンティティ，一体感）の存在によって地域住民は大きな利益を受けることが可能であるという視点から，この共同性を成立させ，強化し，発展させていくことに社会福祉は関心をもたざるを得ないことが指摘されている。共同性がうまく機能することによって，住民による問題の早期発見という予防的効果が見込ま

れるとする。そして，共同性を成立させるための直接的な方法としては，各種の住民組織を作っていくことが重要であることを示唆しているのである。[7]

岡村がいうように，シーボーム報告では，コミュニティの促進のためには住民の自治，言い換えれば，住民参加がその前提になると位置づけられている。つまり，このコミュニティとは周囲から強制された結果形成されるものではなく，地域住民の主体的な活動によって生まれるものでなければならないことが強調されているのである。[7]

シーボーム報告を受けて，イギリスでは1971年に社会福祉制度の大規模な改革が実施された。いわゆるシーボーム改革であるが，報告のコミュニティ重視の視点から，地域を基盤にしたニーズの発見と包括的なサービス提供を目的とした社会サービス部が各地方自治体に創設されることなった。

バークレー報告にみるコミュニティ

次に，シーボーム改革から10年あまり後に出された同じくイギリスのバークレー報告（1980年）を見てみることにする。同報告は，多数派意見と2つの少数派意見を併記する形で出されているが，その多数派意見によれば，コミュニティを「個人が逆境に会ったり障害者となったり，あるいはきびしい個人的危機に直面したりする場合，地域のネットワークが与える情報，実際の援助，理解，友情によって決定的な影響を受けるであろう。逆境の際，個人と集団の反応を動員できる能力をそなえて公式的，非公式的地域ネットワーク」であると定義づける。そして，このネットワークを開発し，支持し，あるいは強化していくことが，これからのソーシャルワーカーに求められることを提示したのである。[8]

見てきたように，バークレー報告では，共同性が発現する具体的な場として，人々，あるいは集団の関係網（ネットワーク）に関心が置かれている。そして，共同性をはぐくむことによって，地域ネットワークの資源提供能力が強化されるのであり，またその逆もまた成り立つという考え方が，そこから導き出されるだろう。

しかし，こうしたコミュニティ理解に対してさまざまな批判が存在しているのも事実である。たとえば，バークレー報告などは共同性を肯定的側面のみしか見ておらず，それがネガティブに働く場合があることを無視している点（たとえば，精神障害者がこの共同性によって生まれた差別や偏見に苦しむなど）や，共同性を軸にして実際にサービスやケアを行うのはほとんどが女性であるという性の格差を見過ごしている，あるいは，家族のケア機能や共同性にもとづく住民の相互支援機能が弱体化したからこそ専門的な福祉サービスが誕生し発展してきたという歴史から見れば，コミュニティの共同性を重視する視点は復古主義であり，現代社会福祉の自己否定につながるのではないのかといった点などである。コミュニティを考えるにあたっては，こうした批判があることをよく認識しておく必要がある。

基盤としてのコミュニティ

　コミュニティという概念は，本章の冒頭でも述べたように，非常に多義的であって，誰もが納得するような定義がなされているわけではない。また，そのことから生じる曖昧さは，今なお十分に払拭されていない。しかし，そうであっても，地域住民の相互協力がなくては地域福祉そのものが成立しないのであれば，そうした住民の姿勢，態度や行動を生む根拠になっている共同性と，それを含有したコミュニティという概念を全く無視してしまうことはできないだろう。それゆえに，今後においては，コミュニティをどう定義づけ，地域福祉の中にいかに位置づけていくかということは理論的な課題の一つである。

　その上でさらに，地域福祉がコミュニティに注目する場合に，少なくとも以下のような点にも留意しておかなければならないだろう。まずは，シーボーム報告の箇所でも述べたが，地域住民の主体的な意識と態度の形成が大前提になるという点である。コミュニティとは，行政や専門職によって押しつけられたものであってはならない。その意味では，大橋謙策のいう「地域福祉の主体形成」が何よりも求められていることになる。また，コミュニティの要件とされる共同性についていえば，それが個の自由を束縛してしまう方向に走らないよ

うにするためには，地域住民一人ひとりに人権意識とノーマライゼーションをはじめとした基本的な価値観がしっかりと根づいていなければならない。したがって，地域住民の福祉教育やボランティア活動の促進と，コミュニティの形成は表裏一体の関係になっていることを認識する必要があるだろう。

コラム：コミュニティ研究の源流──テンニースとマッキーバー

　コミュニティの社会学研究の源流を考える上で忘れてはならないのが，ドイツのフェルディナント・テンニース（Tönnies, F.）とアメリカのロバート・マッキーバー（MacIver, R. M.）であろう。テンニースはキール大学で長らく教鞭を取った社会学者であり，マッキーバーはコロンビア大学で社会学を教え，後にアメリカ社会学会会長にもなった。

　テンニースの名を不朽にしたのは1887年に出版された『ゲマインシャフトとゲゼルシャフト』である。ゲマインシャフトとは，人々の人格的な結びつきを基礎に構築された社会集団であり，家族と民族，村落と地域自治体，（中世的）都市と教会がその典型例であるとする。一方，ゲゼルシャフトとは選択と契約によって構成されたものであり，大都市，国民国家，コスモポリタン的知識人共和国がその代表例である。そして，人間社会は「ゲマインシャフトからゲゼルシャフトへ」向かう過程を歩んでいると位置づけた。このテンニースの考え方は，村落などの伝統社会と都市に代表される近代社会を対比させる上で，社会学で広く使用されるようになる。

　一方，コミュニティという用語が社会学で広く使用される契機をつくったのがマッキーバーである。彼は，一定の地域で営まれている自生的で，相互作用的な共同体をコミュニティと呼び，それに対して，共同の関心や利害を追求するための結びつき（組織や結社）であるアソシエーションを対比させた。人々は何らかのアソシエーションに所属しながらも，全体としてコミュニティに統合されている。そして，このコミュニティには，共通の感情（コミュニティ感情）が生じるとし，「われわれ感覚」，「役割感覚」（何らかの役割を担っていると感じる），そして「依存感覚」（コミュニティへの物的，精神的依存）の3つを指摘している。

参考文献：R. M. マッキーヴァー，中久郎・松本通晴監訳『コミュニティ』ミネルヴァ書房，1975年および森岡清美ほか編著『新社会学辞典』有斐閣，1993年。

引用文献

(1) Emillia E. Martinez-Brawley, "Community", R. L. Edwards et al., ed., *Encyclopedia of Social Work* 19th edition, MASW Press, 1995.
(2) George A. Hillery, "Definitions of Community: Areas of Agreement", *Rural Sociology*, Vol. 20, 1955.
(3) Keith Popple, *Analysing Community Work: Its Theory and Practice*, Open University, 1995.
(4) 奥田道大『都市コミュニティの理論』東京大学出版，1983年。
(5) Barry Wellman, "The community question: The Intimate Networks of East Yorkers," *American Journal of Sociology*, Vol. 84, No. 5, 1979.
 Barry Wellman and Barry Leighton, "Networks, Neighborhoods, and Communities: Approaches to the Study of the Community Question", *Urban Affairs Quarterly*, Vol. 14, No. 3, 1979.
(6) 江上渉「コミュニティとくらしの変化」高橋勇悦・菊池美代志編著『今日の都市社会学』学文社，1994年。
(7) 岡村重夫『地域福祉論』光生館，1974年。
(8) National Institute for Social Work, *Social Workers: Their and Task*, Berford Square Press, 1982（小田兼三訳『ソーシャル・ワーカー＝役割と任務──英国バークレイ委員会報告』国際社会福祉協議会日本委員会，1984年）.
(9) 大橋謙策『地域福祉の展開と福祉教育』全国社会福祉協議会，1991年。
 渡邉洋一『コミュニティケア研究』相川書房，2000年。

読者のための推せん図書

右田紀久恵・高田真治編『社会福祉の新しい道』（地域福祉講座1）中央法規出版，1986年。
奥田道大『都市コミュニティの理論』東京大学出版，1983年。
R. M. マッキーヴァー，中久郎・松本通監訳『コミュニティ』ミネルヴァ書房，1975年。
松原治郎『コミュニティの社会学』東京大学出版会，1978年。

第3章

日本における地域福祉の歴史

　一言で「地域福祉の歴史」といっても，それほど単純ではない。なぜなら，地域福祉にはさまざまな側面があるためである。たとえば，地域福祉の思想や理念という側面があるかと思えば，方法や技術の側面，政策としての側面，活動の側面など多様である。

　したがって，本章では地域福祉のさまざまな側面に配慮しながら，初学者にとって基本的な知識となる事項を，それぞれの時代における主要な出来事として概説している。そこに地域福祉の担い手の変化や対応する福祉問題・ニーズの変化などを確認してほしい。

　なお，日本の地域福祉は戦前期にいくつかの源流があるといわれているが（日本地域福祉学会編『地域福祉事典』），近代的かつ民主的な意味で地域福祉が登場するのは第二次世界大戦後であるので，ここでは戦後の歴史に限定した。

1　戦後から1980年代末までの地域福祉[1]

戦後から1950年代

　この時期は戦後の混乱期から復興期にかけての時期である。この時期における地域福祉の主要な出来事として，共同募金の開始（1947年），社会福祉協議会の創設（1951年），公衆衛生分野における地区組織活動を取り上げる。

　①　共同募金の開始（1947年）[2]

　共同募金は，当時の民間社会福祉事業の財源が窮乏していたため，それを緊

急に補う振興策として開始されたものであった。

　第1回募金の配分は児童保護や育児事業などに重点がおかれ，民間の社会福祉施設や生活困窮者への支援に活用された。その背景には戦争があった。戦前に6700か所余りあった民間の社会福祉施設は戦災などで3000余りに減少しており，同時に，物価の高騰が施設運営を苦しいものにしていた。こうした状況の中，戦前の建物や旧兵舎などを活用した施設は修理や改築が必要となったが，これらの施設整備や復旧に共同募金が大きな役割を果たした。

　②　社会福祉協議会の創設（1951年）

　社会福祉協議会（以下，社協と略す）は1951年の社会福祉事業法の施行に伴い，社会福祉への市民参加組織として創設された。行政指導によって，都道府県や市部での社協の結成が促進され，アメリカから導入されたソーシャルワーク技術の一つであるコミュニティ・オーガニゼーション（CO）を担う機関として期待された。このことは社協の主要機能を「社会福祉を目的とする事業の調査，総合的企画，連絡，調整，助成，普及および宣伝」と規定した同法第74条にも明らかであった。

　まず，社協が着手したのは，社会福祉事業の組織化と住民参加の促進であった。組織化は，社協に各種の機関や団体，施設を結集させ，協同することによって，社会福祉事業の能率的な運営や近代化をめざすものであったが，結局，福祉の団体や関係者中心の組織化に止まり，かつ施設協議会，民生委員協議会といった業種別の組織化であった。したがって，当時の社協は住民にとって馴染みの組織とはいえない状況にあった。

　そこで，社協が取り組んだのは，「福祉に欠ける状態の克服」のための世帯更生資金貸付事業（1955年）である。これは民生委員を中心に社協の主要業務となり，さまざまな問題点もあったが，サービスや資源が絶対的に不足する当時の状況下では，直接サービス業務も住民の支援を得るために一定の意義があった。

　また，1956年にはホームヘルプ・サービスの先駆けともいえる「家庭養護婦派遣事業」が長野県上田市社協で始まっている。

③ 公衆衛生分野における地区組織活動

ところで、この時期におけるその他の地域福祉活動として、とりわけ、住民の健康確保や疾病予防など公衆衛生分野における地区組織活動があったことを忘れてはならない。1946～1947年にかけて農山村での伝染病予防活動をはじめ、1950年代には蚊やハエなどの害虫駆除をテーマとした衛生教育の普及などが取り組まれていた。また、1959年4月、育成協（財団法人保健福祉地区組織育成中央協議会）は小地域レベルでのモデル地区設定によって「地区組織活動推進地区実践活動」を推進した。

これらの住民主体の公衆衛生活動は、社協活動の対象を貧困問題から保健衛生を含めた地域生活問題に拡大させ、同時に、これらの問題の解決主体を社会福祉機関や施設から住民（組織）中心へと転換させた。このことは、社協の主要課題が住民組織化にあることを示したわけであるが、このように公衆衛生分野の活動に影響を受けながら、次第に社協活動のあり方が問われていった。

1960年代

この時期はわが国の高度経済成長期にあたるが、それに伴い、地域ではさまざまな問題が発生していた。たとえば、大気汚染や水質汚濁など公害問題をはじめ、モータリゼーションに伴う交通災害の増加、急激な都市化と人口移動による過密化と過疎化の問題、伝統的な地域社会の崩壊などがあげられる。そのような状況に対し、各種の地域住民運動が台頭し、住民の抵抗や連帯、生活防衛の場として、コミュニティ形成の必要性が認識されていった。

この時期の地域福祉の主要な出来事として、社協基本要項の策定（1962年）と組織化活動の展開、在宅福祉サービスの先駆的な取り組み、わが国初のコミュニティ政策の登場を取り上げる。

① 社協基本要項の策定（1962年）と組織化活動の展開

社協基本要項は「住民主体の原則」を打ち出し、その後長年にわたり社協活動の指針とされた。そこでは、社協の活動対象を住民の地域生活上の共通ニーズ＝地域社会問題と把握し、その問題の対応には問題の担い手となる住民、住

民自治組織などが社協の主体となることなどを明らかにした。こうした活動の受け皿づくりは，都道府県社協・政令市社協への福祉活動指導員の配置（1963年），市町村社協への福祉活動専門員の配置（1966年）として行われた。事業面では，調査活動が重視され，たとえば，児童の遊び場や保育所づくり，公害や交通災害への対応などの活動が促進され，「住民主体の原則」を貫徹しようと各地で小地域社協活動が育成され，展開された。

② 在宅福祉サービスの先駆的な取り組み

ところで，1960年代後半になると，高齢者人口の増大をはじめ家族機能の弱体化によって，高齢者や障害者など在宅要援護者の福祉問題が徐々に意識され，在宅福祉サービスの先駆的な取り組みが始まった。代表的なものとして，1968年，民生委員協議会と社協との合同によって行われた全国規模の「寝たきり老人実態調査」があるが，この調査では，約20万人の寝たきり老人の生活実態が明らかにされた。

在宅要援護者の福祉問題の存在は次第に在宅福祉サービスの導入につながっていく。1963年に開始された老人家庭奉仕員事業は1965年，要保護階層から低所得層まで派遣対象を拡大した。1967年には身障者家庭奉仕員が創設され，同年には身障者相談員，1968年には精神薄弱者相談員といった相談サービスなども開始された。

また，先に述べたように，住民組織化活動を主要機能とする市町村社協もまた行政依存体質の残存，組織化活動に対する社会的理解の不足によって，ホームヘルパー委託に代表される直接サービスを次第に拡大させていく。この背景には行政管理庁の厚生省に対する「共同募金に関する再勧告」（1967年）があり，これによって社協は人件費の道を断たれ，その結果，市町村からの天下り人事の横行と行政委託事業の増大化を招くことになったのである。

このように在宅福祉サービスの先駆的な取り組みが始まったとはいえ，これらは総じて単発的かつ羅列的なものに止まっていた。さらに，当時の要援護者対策は，やはり生活保護法を中心とした所得維持や施設福祉の対策であった。そのようななかにあって，地域の中に潜在化している福祉問題を調査，発見し，

社会的な関心を高める努力をそこに見ることができる。

③　わが国初のコミュニティ政策の登場

そして，この時期において忘れてはならないのは，わが国初のコミュニティ政策が登場したことである。具体的には，国民生活審議会コミュニティ問題小委員会報告「コミュニティ——生活の場における人間性の回復」（1969年）であり，社会福祉分野でコミュニティ・ケアが本格的に取り上げられたのは東京都社会福祉審議会答申「東京都におけるコミュニティ・ケアの進展について」（1969年）であった。

これは高度経済成長期に弱体化した地域社会をコミュニティ形成の名の下で再編強化しようとする試みであったとされるが，これが後に地域レベルの社会福祉と結合して政策化され，地域福祉政策として1970年以降展開していく。

1970年代

この時期になると次第に「地域福祉」という用語が使用されはじめ，地域福祉の理論化も模索されたが，経済低成長期への移行はその後さまざまな影響をもたらすことになった。この時期における地域福祉の主要な出来事として，地域福祉理念（コミュニティケア，ノーマライゼーション）の展開，地域福祉政策の展開，施設の社会化の動向を取り上げる。

①　地域福祉理念（コミュニティケア，ノーマライゼーション）の展開

この時期になると，コミュニティケアやノーマライゼーションといった外国産の理念が紹介され，導入されてきた。

まず，コミュニティケアの源流はイギリスの地域精神保健サービスにあったため，わが国でも精神医療の分野で紹介，導入されたが，それが本格的に取り上げられたのは先に述べた1969年の東京都社会福祉審議会答申であった。そこでは，施設ケアとコミュニティケアとを対置させたところに特徴があったが，その後，コミュニティケアの理解や解釈をめぐる議論が展開された。

他方，ノーマライゼーションの理念はデンマークの知的障害者福祉の中から登場した思想であり，わが国でも知的障害者福祉関係者にまず注目されたが，

本格化するのは国際障害者年が話題となった70年代末であった。その後は障害者福祉分野に止まらず，社会福祉の理念としても，地域福祉の理念としても認知されている。

② 地域福祉政策の展開

1960年代末に初登場した国家のコミュニティ政策や社会福祉分野におけるコミュニティケアへの関心は確実に高められ，具体的には1971年の中央社会福祉審議会答申「コミュニティ形成と社会福祉」として結実した。これは中央政府レベルで初めてコミュニティケアをわが国の社会福祉運営の原則として示した文書であった。

ところで，1960年代の高度経済成長の勢いは70年代初頭においても陰りを見せることがないかと思われたが，1973年秋のオイルショックがそれを一転させる。この年は「福祉元年」を迎えたはずであったが，オイルショックに伴う経済低成長期への移行は，その後，「福祉見直し」論を展開させていくことになった。すなわち，国民の自立・自助努力が優先され，次いで家庭における家族の連帯と相互扶助，そして，地域社会における相互扶助を強調する論理，つまり，日本型福祉社会構想が登場した。

この構想の前提となっていたのは，社会の「含み資産」としての家族，厳密には家庭の主婦であったが，同時に，地域における連帯や相互扶助の取り組みも奨励された。具体的には，ボランティアの育成をめざす政策として，本来ならば自発性や民間性を本質とするボランティア活動が地域福祉政策の中に位置づけられた。その始まりは1973年の都道府県・政令市社協への「善意銀行」の設置であったが，いずれにしても在宅福祉のサービス・ボランティアとしての安価なマンパワー育成や行政協力型の官製ボランティアの育成に重点が置かれ，「施設整備，金銭中心から，心の福祉」が強調されていった。

③ 施設の社会化の動向

1970年代以降，地域福祉志向の高まりのなかでサービス供給形態にも変化が現れた。具体的には，在宅への訪問サービス形態の拡大や施設と在宅の中間に位置する「中間施設」サービスの増大などである。

そのようななか、70年代末に登場してきたのが施設の社会化論である。これは福祉施設機能の社会化として、たとえば、1973年の老人ホームの食事サービス事業や、1978年の寝たきり老人等短期保護事業などがそれぞれ展開された。その後展開された施設の社会化論では、施設機能の社会化だけでなく、処遇の社会化や施設運営の社会化もまた重要な課題であるとされた。

1980年代

この時期にわが国の高齢化はさらに進展していったが、他方、政府は「増税なき財政再建」を掲げる臨調行革を進めていった。つまり、福祉ニーズが増加する一方、国や自治体の財政が逼迫しており、その対応が模索されていった。

また、こうした背景はこの時期における地域福祉に影響していった。具体的には、有料福祉の台頭とサービス供給主体の多様化、当事者運動の展開、高齢者保健福祉推進十か年戦略（ゴールドプラン）の策定であった。

① 有料福祉の台頭とサービス供給主体の多様化

臨調行革は「増税なき財政再建」を改革の目玉とし、効率性を重視した小さな政府の実現をめざしていた。具体的には、社会保障・社会福祉関係財政の削減、社会保障・社会福祉給付水準の抑制などであったが、そのような状況のなかで、地域福祉は小さな政府論者にとって合目的な政策として期待された。つまり、戦後わが国の社会福祉の発展は、公私分離の原則に基づく公的責任の拡大に依拠してきたが、1970年代以降の地域福祉志向は公私関係の見直しを促し、公私協働論に転換してきたからであった。

こうした公私関係の変化をより具体化させるのが、有料福祉の台頭とサービス供給主体の多様化である。1980年代に入ると、従来まで原則無料であった福祉の諸サービスに有料化の動向が登場する。たとえば、1980年には養護老人ホーム入所者の費用徴収が導入され、同年12月には有料在宅福祉サービスの先駆として著名な武蔵野市福祉公社が創設されている。また、1982年10月には家庭奉仕員派遣事業が有料化された。

これは当時の公的な在宅福祉施策の貧困を反映しており、武蔵野市をはじめ

横浜市や神戸市,大阪市でも行政,民間団体,生活協同組合などによる有料在宅福祉サービスが登場した。たとえば,コープこうべによる「くらしの助け合い活動」が有名である。1983年に芦屋市と神戸市の一部で始まった「くらしの助け合い活動」は,灘神戸生協27人の奉仕会員によって始められた。その後1985年にはコープこうべの全地域に広がった。この活動の背景には組合員の急激な高齢化があった。そこで問われたのは,生協が組織として「高齢の組合員が住み慣れた地域で生活を継続できるしくみをいかに形成するのか」ということであった。発足当時のパンフレットによれば,この活動は次のような特徴をもっていた。

(1) この活動は,「一人は万人のために,万人は一人のために」組合員が協同互助の精神で互いの生活を守り合う活動
(2) 活動内容は,家庭での簡単なお年寄りのお世話や話し相手,買物や食事作り,掃除,洗濯など
(3) 会員になるには,活動の趣旨と協同互助の理念に賛同できる組合員。援助を必要とする人,奉仕をする人,共に会費を払い,登録する。会費は年額1,000円
(4) 活動は2時間を1単位とし,謝礼は1単位(2時間)700円。謝礼は全額,援助を受けた人が奉仕した人に渡す。交通費は援助を受ける人の実費負担
(5) 援助の時間は,1日2時間から4時間,1週間に4日を限度。時間は午前10時から午後5時までの時間内

以上,コープの活動を紹介したが,重要なことは,この時期に在宅福祉サービスの資源が不足していたこと,有料サービスが登場したこと,そして,従来の福祉サービスの担い手に加えて新たな担い手(非営利団体と営利団体)が登場したことである。

② 当事者運動の展開

ところで,当時の当事者運動の展開としては,まず1980年1月に京都で発足した「呆け老人をかかえる家族の会」がある。1972年に出版された有吉佐和子

の小説『恍惚の人』によって国民各層に広く知られることになった認知症高齢者の存在であったが，当時の社会的な対策が皆無に等しいなか，家族会が発足し，その後，全国に広がりを見せた。この会は，認知症高齢者の介護に悪戦苦闘していた家族が，互いに励まし，助けあい，社会に訴えることを目的としたものであった。

他方，1981年の国際障害者年の影響によって，障害者による当事者運動も登場する。たとえば，障害者の外出や移動の保障をめざした生活圏拡充運動，地域社会での発達保障や雇用機会の充足をめざした共同作業所づくり運動，全身性障害者による「自立生活運動」などが挙げられる。

こうした当事者運動は，地域福祉の理念を政策として具体化し，これを発展させていくうえで大きな役割を果たしていった。

③ 高齢者保健福祉推進十か年戦略（ゴールドプラン）の策定

以上，この時期における地域福祉の理念や政策，運動の動向は，より一層の在宅福祉施策やサービスの整備を求め，その帰結が高齢者保健福祉推進十か年戦略（ゴールドプラン）の策定（1989年12月）であった。ホームヘルプ・サービス，デイ・サービス，ショートステイ・サービスを「在宅福祉の3本柱」として数値目標が示された。

これはいうまでもなく，1970年代半ばに登場した日本型福祉社会構想の破綻を意味するものであった。つまり，その構想では，家族や女性による高齢者介護がめざされてはいたものの，家族規模の縮小や女性の就業化などにより家族による介護はますます困難になり，「介護の社会化」が求められた結果ともいえる。ただし，その背景には消費税導入という政治的な事情があったことも忘れてはならない。

いずれにしても，これらのサービスについての国レベルの整備計画は，地域での在宅生活を支えるうえできわめて重要であった。

2 1990年代から現在までの地域福祉

1990年代

　この時期は「地域福祉の新時代」といわれ，わが国の地域福祉の歴史上，きわめて重要である。まず，1990年6月の社会福祉関係八法改正は，戦後形成されたわが国の社会福祉のあり方を根本的に変化させた。すなわち，国主導の社会福祉から市町村主導の社会福祉への転換であった。この転換は具体的には福祉の計画行政，在宅福祉サービスの多様な担い手によって進められた。

　また，不幸にも阪神・淡路大震災によって1995年は「ボランティア元年」と呼ばれ，その後ボランティア活動やNPO活動への社会的関心を高めるきっかけとなった。

　① 社会福祉関係八法改正（1990年）と福祉の計画行政

　1989年12月に発表されたゴールドプランは全国レベルの計画であったが，この計画を各都道府県および市区町村において，どのように具体化していくのか。こうした観点から，その法的な整備として取り組まれたのが，1990年6月の社会福祉福祉関係八法改正であった。そのポイントはいくつかあるが，地域福祉との関わりで重要なものとしては，在宅福祉事業の法定化，老人福祉施設の入所措置権限の市区町村への委譲，市区町村における老人保健福祉の計画的推進，社会福祉事業法における「地域等への配慮」規定などが挙げられる。

　まず，第一に1960年代後半から1980年代にかけて模索が続けられてきた在宅福祉事業が法律上明記されたことは，地域での在宅生活を支えるという意味において画期的であった。第二に，老人福祉施設への入所措置権限の委譲は市区町村において施設サービスと在宅福祉サービスを一元的に進める体制を可能とした。第三に，このような体制は各地域の事情に即して策定される老人保健福祉計画によって計画的に推進されることになった。

　そして，第四に，社会福祉事業法第3条の理念に「地域等への配慮」が規定されたことも地域福祉への胎動として評価できる。

以上のように，この改正は戦後わが国における国主導の社会福祉から市町村主導の社会福祉への転換を意味していた。このことは社会福祉の「地方分権化」とも目されたが，実質的には国による「統制された分権」として課題を残した。とはいえ，1994年3月までに取り組まれた老人保健福祉計画の策定は，数値目標を明記したサービス基盤の整備を目的とし，その後の福祉の計画行政を先駆けるものであった。また，全市区町村の計画の目標数値を積算して公表されたのが新ゴールドプラン（1994年12月）であったが，結果的には旧ゴールドプランを大幅に上方修正することとなった。

なお，その後，福祉の計画行政は高齢者保健福祉分野に止まらず，障害者福祉や児童福祉の分野においても推進されていった。

② 在宅福祉サービスの多様な担い手

こうして各市区町村ではサービス基盤の整備が課題となったのだが，その主要な担い手として市区町村に期待されたのは，やはり社協であった。先に述べたように，1960年代末から社協における行政委託事業の増大は始まってはいたのだが，福祉関係八法改正に伴う在宅福祉事業の法定化はこの傾向をさらに加速させた。伝統的な社協は1962年の社協基本要項に従って組織化活動に取り組んできたが，高齢化の進展と在宅福祉サービスへのニーズの高まりは在宅福祉事業への着手を迫るものであった。1990年の社会福祉事業法改正では，社協事業に在宅福祉サービス等の「事業の企画・実施」規定が追加され，全国社会福祉協議会はこのような動向を踏まえ，在宅福祉事業を積極的に実施し，地域住民への個別援助まで視野に入れた社協のあり方を「新社協基本要項」（1992年）にまとめ，その後「事業型社協」という方向性を打ち出した。

他方，社協以外にもいくつかのサービス供給主体が登場する。たとえば，農業協同組合法の改正（1992年5月）によって，農協による高齢者福祉事業が法定化された。つまり，農村部を中心に在宅福祉サービスの担い手として農協が位置づけられたといえる。また，1980年代中頃から注目を集めてきた「住民参加型福祉サービス団体」がある。これは厳密には住民互助型，社協運営型，協同組合型，行政関与型，その他といったタイプがあるが，新しいボランティア

活動のあり方として「有償ボランティア」と呼ばれていた。ただし，この活動のあり方には抵抗や批判が根強く，議論も多かったが，結果的には次第に定着化していったと見てよい。その理由は，サービスの担い手にとっても受け手にとっても，交通費や利用料といったわずかな金銭の介在が活動をスムーズにしていったことだと考えられる。

③ 阪神・淡路大震災と「ボランティア元年」

さらに，サービス供給主体の多様化を促進する契機となったのは，先にも述べたように1995年1月の阪神・淡路大震災であった。「被災地ボランティア」や「震災ボランティア」の活躍が目覚ましく，この年は「ボランティア元年」として，その後のボランティアやNPO（Non Profit Organization, 非営利組織）への社会的関心を高めていった。その結果，1998年には特定非営利活動促進法が制定され，NPOの社会的承認と活動が促進されていった。NPOへの期待は幅広いが，とりわけ，期待が寄せられたのは保健福祉分野の活動，なかでも介護保険の居宅サービス事業者としての活躍であった。

2000年代

この時期は1997年から議論されてきた社会福祉基礎構造改革を経て，いくつかの制度改革が行われたという意味で重要である。わが国の社会福祉の基礎構造であった措置制度から利用契約制度への転換は，介護保険法の施行に象徴された。

また，社会福祉基礎構造改革の論議を集約したのは社会福祉法の制定・施行であった。そこでは初めて「地域における社会福祉」，すなわち「地域福祉」が明記され，「地域福祉の推進」が謳い上げられた。そして，地域福祉推進の中心的な担い手として社協の役割を明確に位置づけた。さらに，2003年4月からは市町村地域福祉計画の策定が始まるなど，地域福祉が本格化している。

① 介護保険法施行に伴う影響

介護保険法の施行に伴い，地域福祉にもいくつかの影響がもたらされた。第一に，課題となったのは要介護認定において自立と判定された人々への対応で

ある。各市町村では，介護保険導入前からこの問題への対応を検討してきたが，多くの場合，社協などを中心とした住民参加型の介護予防活動によって対応してきている。

　第二に，措置制度から利用契約制度への変更に伴い，認知症高齢者等，判断能力に制約のある人々に対する権利擁護が課題となった。社協においては介護保険導入前の1999年10月から地域福祉権利擁護事業を開始していたが，その利用が本格化したのは2000年代になってからである。

　第三に，介護保険サービスの一つである認知症対応型共同生活介護（認知症高齢者グループホーム）を取り上げておきたい。「認知症になっても住み慣れた地域の中で普通に暮らす」を合言葉に，施設でも自宅でもない「もう一つの家」と呼ばれているグループホームは，認知症高齢者を地域で支える拠点の一つとして今後期待できるかもしれない。ゴールドプラン21では2004年までに3200か所の設置が見込まれていたが，2003年5月末現在，すでにほぼ目標数に達しており，その急増ぶりは著しい。

　ただし，各都道府県別にみると，その整備状況にはかなりの地域格差が生じていることや，短期間に量的な整備が進んだものの，サービスの質の確保や密室性の問題など質的な課題を抱えているのが現状である。さらに，地域によってはグループホームの建設反対運動が起こっており，一般市民の中に認知症に対する誤解や偏見が根強いことを物語っている。今後，グループホームが福祉文化の発信基地となれるか否かも課題の一つといえる。

② 社会福祉法と地域福祉

　社会福祉法の制定と施行（2000年）は，社会福祉事業法制定以来の抜本的な改革であった。なかでも「地域福祉の推進」を法律上初めて明記したことは画期的であったといえる。そこに示された「地域福祉」とは，「福祉サービスを必要とする地域住民が地域社会を構成する一員として日常生活を営み，社会，経済，文化その他あらゆる分野の活動に参加する機会が与えられる」ことを意味している。いい換えれば，福祉サービスを必要とする地域住民が社会的に孤立せず日常生活が送れることになる。

この目的を実現するために相互に協力し合うのが，①地域住民，②社会福祉を目的とする事業の経営者，③社会福祉に関する活動を行う者の三者であるとされ，地域福祉推進の中心的な担い手として社協の役割が位置づけられた。

③　市町村地域福祉計画の策定

そして，2003年現在，社会福祉法の全面施行に伴い，各市町村では地域福祉計画の策定が努力義務として進められている。2002年度には，計画策定のモデル事業が大阪市や金沢市，都城市，高浜市などいくつかの市町で実施され，その成果も公表されている(5)。しかし，その策定状況が厳しいのもまた現実である。2002年11月現在の調べによると，2002年度中の策定予定市町村は147か所（5％），2003～2005年までに策定予定の市町村が1378か所（43％），策定予定のない市町村が1715か所（53％）となっている。その背景には「平成の大合併」ともいわれる市区町村合併があり，静観している市町村が半数以上という状況である（2003年5月26日付『福祉新聞』）。とはいえ，今後の地域福祉の展開において，この計画の果たす役割はきわめて大きいと考えられる。とりわけ，社会福祉法の規定をふまえ，住民参加による計画づくりが強調されている点は重要である。各地でさまざまな計画策定に向けた取り組みが展開されつつあるので，今後も注目しておく必要があるだろう(6)。

注

(1) この節の記述については，定藤丈弘「地域福祉の系譜」右田紀久恵ほか編『地域福祉講座①　社会福祉の新しい道』中央法規出版，1986年，213～264頁に依拠している。
(2) 共同募金の歴史については中央共同募金会のホームページを参照。
http://www.akaihane.or.jp/what/body3.html（2006年3月15日現在）
(3) 橋本正己『公衆衛生と組織活動』誠信書房，1955年を参照。また，視聴覚資料としては『住民参加による保健活動──戦後の記録』（桜映画社，ビデオライブラリー，26分）が参考になる。
(4) 朝倉美江『生活福祉と生活協同組合福祉』同時代社，2002年，123～134頁を参照。
(5) 地域福祉計画に関する調査研究委員会編『地域福祉計画・支援計画の考え方と実際』全国社会福祉協議会，2002年を参照。

(6) 各地方自治体における取組み状況については厚生労働省のホームページを参照。
http://www.mhlw.go.jp/topics/bukyoku/syakai/c-fukushi/joukyou.html （2006年3月15日現在）

参考文献

藤松素子「地域政策の動向と住民生活」岡崎祐司ほか編『現代地域福祉の課題と展望』かもがわ出版，2002年，18～54頁。

井岡勉「在宅福祉サービスの政策的展開」三浦文夫ほか編『講座戦後社会福祉の総括と二一世紀への展望 III 政策と制度』ドメス出版，2002年，210～231頁。

瓦井昇「地域福祉の歴史と沿革」市川一宏ほか編著『地域福祉論』ミネルヴァ書房，2002年，141～166頁。

牧里毎治「地域福祉」一番ヶ瀬康子ほか編『講座戦後社会福祉の総括と二一世紀への展望I 総括と展望』ドメス出版，1999年，331～354頁。

日本地域福祉学会編『地域福祉事典』中央法規出版，1997年。

鈴木五郎「地域福祉活動の展開史」井岡勉ほか編著『地域福祉概説』明石書店，2003年，89～119頁。

山口稔「地域福祉の歴史」平野隆之ほか編著『コミュニティとソーシャルワーク』有斐閣，2001年，43～68頁。

和田敏明編著『地域福祉を拓く③ 地域福祉の担い手』ぎょうせい，2002年。

読者のための推せん図書

日本地域福祉学会地域福祉史研究会編『地域福祉史序説』中央法規出版，1993年。
　――本書は地域福祉学会がまとめた地域福祉史の唯一の専門書である。また，本章では取り上げなかった戦前の源流の一つである方面委員制度の研究も収録されている。

山口稔『社会福祉協議会理論の形成と発展』八千代出版，2000年。
　――本書は，地域福祉推進の中心的な担い手である社会福祉協議会について，歴史的かつ理論的に整理した専門書である。

渋川智明『福祉NPO』岩波書店，2001年。
　――本書は専門書ではないが，初学者や市民向けの一般書である。わが国地域福祉のさまざまな担い手を平易に紹介しており，2000年代の地域福祉の現状の理解に役立つ。

第4章

地域福祉の対象とサービス

　これまでの章では,「地域福祉とは何か」(第1章),「コミュニティとは何を意味するのか」(第2章), そして「地域福祉がどのような歴史をたどってきたのか」(第3章) について見てきた。これらの章を通して, かなりの程度「地域福祉」というものについてイメージできるようになったのではないだろうか。しかし, それでも「地域福祉とは, 何を扱うもので, サービスとしてどういったものが挙げられるのか」と問われると, 果たして明確に答えることができるだろうか。そこで本章では, こうした「地域福祉の対象とサービス」を検討していくことにしよう。まず第1節では地域福祉がこれまで何を対象にしてきたのか, そして今新しく何を対象としつつあるのかを考察する。第2節では地域福祉のサービス体系として従来比較的よく言及されてきたものについて説明した後, 地域福祉サービスが今どのような方向へ展開しつつあるのかを検討していきたい。

1　地域福祉の対象

地域福祉の対象とは

　地域福祉の対象とはいかなるものだろうか。これについて, ここでは永田幹夫をはじめとする全国社会福祉協議会のメンバーがかつて整理した図式によって説明を加えていく。というのは, この図式はその後, 多くの地域福祉の実践現場で生かされているとともに, 理論的にも多くの論者が参照しているもので,

第 4 章 地域福祉の対象とサービス

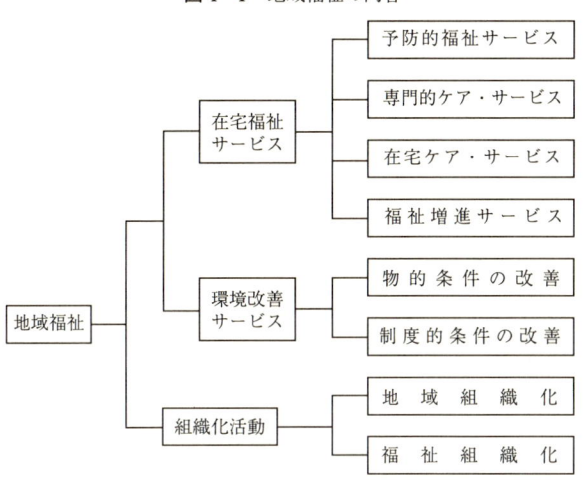

図 4-1　地域福祉の内容

```
地域福祉 ─┬─ 在宅福祉サービス ─┬─ 予防的福祉サービス
         │                  ├─ 専門的ケア・サービス
         │                  ├─ 在宅ケア・サービス
         │                  └─ 福祉増進サービス
         ├─ 環境改善サービス ─┬─ 物的条件の改善
         │                  └─ 制度的条件の改善
         └─ 組織化活動 ──────┬─ 地域組織化
                            └─ 福祉組織化
```

(出所)　松永俊文・野上文夫・渡辺武男編『現代コミュニティワーク論──地域福祉の新展開と保健医療福祉』中央法規出版, 1997年, 16頁。

実践的にも理論的にも多くの人々に影響を与えながら，これまで地域福祉の対象とされてきたものを的確にまとめているものだからである（図4-1参照）。

図4-1を見ると，地域福祉の対象は以下の3つの要素に整理されているのが分かるだろう。[2]

① 在宅福祉サービス（予防的サービス，専門的ケア，在宅ケア，福祉増進サービス）

② 環境改善サービス（物的・制度的施策を含む生活・居住条件の改善整備）

③ 組織活動（地域組織化およびサービスの組織化，管理の統合的運用によるコミュニティワークの方法技術）

これら3つの要素は，地域福祉を展開していく上で不可欠なものだとされてきた。以下では，これら各々についてもう少し詳しく見ていくことにしよう。[3]

① 在宅福祉サービス

在宅福祉サービスは「予防的サービス」「専門的ケア・サービス」「在宅ケ

ア・サービス」「福祉増進サービス」などに分けることができる。

まず「予防的サービス」とは、できるだけ今後、要援護者にならないですむように予防策を講じるサービスのことである。次に「専門的ケア・サービス」とは、すでに要援護者となっている人々に対するサービスのうち、従来、社会福祉施設や医療機関等で行われてきた専門的サービスを地域で再編成したものをいう。第三に「在宅ケア・サービス」とは、介助、保護、養育等、主に日常生活における要援護者に対するサービスについて、施設で対応するのではなく地域で在宅のまま再編成したものをいう。最後に「福祉増進サービス」とは、要援護者に限らず、一般の地域住民も含めて福祉を推進していくためのサービスをいう。

以上のサービスの中で、在宅福祉サービスの内容として特に「在宅ケア・サービス」を強調する研究者もいる。また「専門的ケア・サービス」は本来、施設サービスだと考えられるべきで、在宅福祉サービスに含めてしまうのは適切でないとする研究者もいる。これらは、論者によってそれぞれ主張が異なっており、統一的な見解はないのが現状である。そこで、たとえば永田たちが考えた在宅福祉サービスを、(1)要援護者を対象とするサービス（専門的ケア・サービスと在宅ケア・サービス）、および(2)要援護者を必ずしも対象としないサービス（予防的サービスと福祉増進サービス）に分け、(1)を「狭義の在宅福祉」、(2)を「広義の在宅福祉」として整理を試みる人もいる[3]。

② 環境改善サービス

環境改善サービスとは、要援護者が自立し社会参加しにくい状況をつくりあげてしまう要因を除去、改善、整備するものである。たとえば、社会参加することをはばんでしまう法的・制度的な制約を改善しようとする活動が挙げられるし、そればかりではなく物理的な条件、具体的にいえば道路の整備などもまた、このサービスに含められるであろう。

③ 組織活動

組織活動には、「地域組織化」と「福祉組織化」の2つがある。「地域組織化」とは、地域住民がその意識や態度を変え、主体的に福祉活動へと参加でき

第 4 章　地域福祉の対象とサービス

るよう福祉コミュニティづくりを行うものである。それに対して,「福祉組織化」とは福祉サービスをより良いものにしていくためにサービスの整備・運営をはかっていくためのものである。

*

　以上,「在宅福祉サービス」,「環境改善サービス」,「組織活動」といった3つの要素を対象とすることで,地域福祉はこれまで成り立ってきたといえるだろう。逆にいうと,これらのうちでどれが欠けても,地域福祉は有効に展開されなくなってしまうのである。そういう意味で,これら3つの要素のうちどれが最も大切な対象であるのかは決められない。これらは,相互に深くかかわりながら展開されるべきものなのだ。

方法の多様化

　だが近年,地域福祉を取り巻く環境は大きく変わり始めている。それにともなって,法制度も変化を迫られ,1990年には社会福祉関係八法が改正され,市町村を基盤として在宅福祉サービスを軸に地域福祉が計画的に推進される時代へと転換がはかられている。また2000年6月7日には「社会福祉の増進を図るための社会福祉事業法等の一部を改正する法律」が施行されている。これによって,従来の「社会福祉事業法」は「社会福祉法」に改称され,内容的にも行政主体の福祉制度から,利用者主体の福祉制度へと移りつつある。その結果として,福祉活動に対して地域住民たちによる積極的なかかわりが必要とされるようになってきているのだ。

　こうした状況のもとで,地域福祉は,「在宅福祉サービス」「環境改善サービス」「組織活動」という3つの要素を超えて,「ケアマネジメント」「ソーシャル・サポート・ネットワーク」等をはじめとする,新たな方法を模索し始めるようになってきている。これらは地域福祉の新たな方法として,次第に重要な位置を占めるに至っている。そこで以下では,これらについて簡単に見ていくことにしよう。

① ケアマネジメント

　ケアマネジメントは，高齢者をはじめ，障害者，児童を含め，地域のすべての人々に対して福祉サービスを提供する方法である。[4]

　地域で生きる人々のニーズは今，いっそう複雑で多様になりつつある。こうしたなかで人々のニーズを的確にとらえ，可能な限り，その充足をはかろうとするためには，援助者は，サービスの専門性を要求されるであろうし，他方では地域において密接なコミュニケーションを要求されることにもなる。サービスの専門性と地域における密接なコミュニケーション，これらを総合的かつ効果的に調整し充実した福祉サービスを提供する専門的援助技術，これがケアマネジメントなのである。

　このケアマネジメントは，福祉サービスを必要とする地域住民の生活の実態を把握し，彼らがどのような福祉の問題を抱えているか等を把握し，地域住民のニーズを把握することから始まる。ケアマネジメントのプロセスについては，以下のように整理できるだろう[5]（図4-2参照）。

- 第1段階：入口——ここではケースの発見が行われ，ケアマネジメントがどの程度必要とされるかを判断する「スクリーニング」や，ケアマネジメントの内容や意味を当事者たちに説明し合意を得る「インテーク」といった作業を行う。
- 第2段階：アセスメント——ここでは，利用者の状態について観察し，コミュニケーションを密接にとりつつ，彼らのニーズを的確に判断することが目標とされる。
- 第3段階：ケース目標の設定とサービス計画の作成——ここでは，ケースの目標が設定されるとともに，どのような計画のもとでサービスを今後実施していくべきかが検討される。
- 第4段階：サービス計画の実施——ここでは，作成したサービス計画にもとづいて，実際にサービスを実施する。
- 第5段階：クライエント及びサービス提供状況についての監視およびフォローアップ——ここでは，利用者のニーズが変化しているかどうか

第4章 地域福祉の対象とサービス

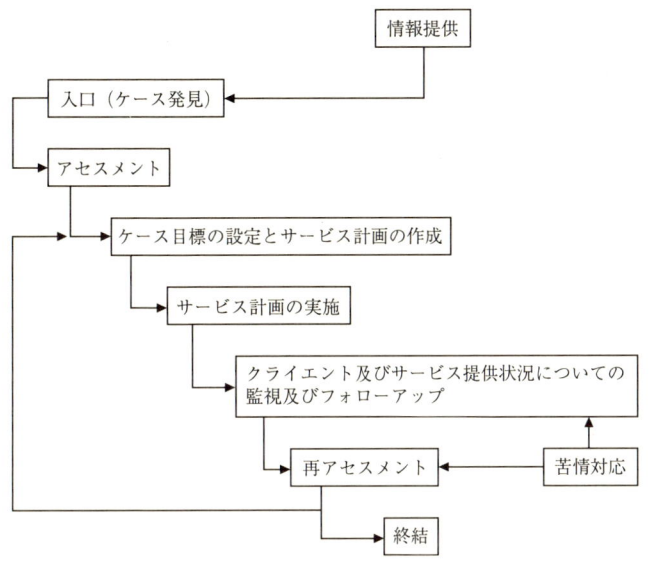

図4-2 ケアマネジメントのプロセス

```
                          情報提供
                             │
                             ▼
        ┌──────→ 入口（ケース発見）←──┘
        │            │
        │            ▼
        │         アセスメント
        │            │
        │            ▼
        │      ケース目標の設定とサービス計画の作成
        │            │
        │            ▼
        │       サービス計画の実施
        │            │
        │            ▼
        │      クライエント及びサービス提供状況についての
        │      監視及びフォローアップ
        │            │                    ▲
        │            ▼                    │
        │         再アセスメント ←──── 苦情対応
        │            │
        │            ▼
        │           終結
```

（出所）「新版・社会福祉学習双書」編集委員会編『地域福祉論』全国社会福祉協議会, 2001年, 73頁。

を再把握するとともに，どの程度，ニーズが充足されたのかを評価する。

- 第6段階：再アセスメント——もしニーズが十分に充足されていない場合，その状況や原因を考え，再度サービス計画を練り直す。
- 第7段階：終結

② ソーシャル・サポート・ネットワーク

ソーシャル・サポートには，家族，友人，ボランティアなど専門職ではない人々によってなされる援助（非制度的：インフォーマルなサポート）と，要援護者が専門職によってなされる援助（制度的：フォーマルなサービス）の2つがある（図4-3参照）。ソーシャル・サポート・ネットワークでは，要援護者が地域の中で自立した生活を送るために，インフォーマルなサポートを十分に活用しながら，それらをフォーマルなサービスに結びつけ，要援護者たちのエンパワメント（自分で問題を解決する力を身につけていくこと）がめざされる

49

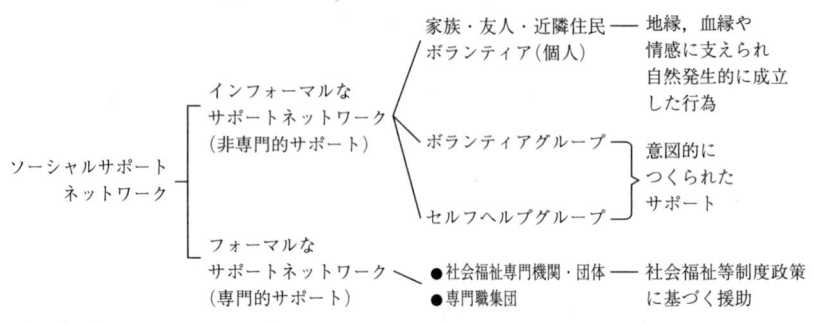

図4-3 ソーシャルサポートネットワーク

```
						家族・友人・近隣住民 ── 地縁, 血縁や
					    ボランティア(個人)      情感に支えられ
			インフォーマルな                       自然発生的に成立
			サポートネットワーク                   した行為
			(非専門的サポート)
ソーシャルサポート                 ボランティアグループ ┐ 意図的に
ネットワーク                                         │ つくられた
			                  セルフヘルプグループ  ┘ サポート
			フォーマルな
			サポートネットワーク ●社会福祉専門機関・団体 ── 社会福祉等制度政策
			(専門的サポート)    ●専門職集団              に基づく援助
```

(出所)「新版・社会福祉学習双書」編集委員会編『地域福祉論』全国社会福祉協議会, 2001年, 78頁。

のである。[6]

実践の多角化

　以上見てきたように, 地域福祉では今「ケアマネジメント」や「ソーシャル・サポート・ネットワーク」といった方法を新たに模索しつつある。しかし, こうした新たな方法を模索するだけにとどまらず, 地域福祉では社会福祉サービスのさらなる充実をもとめて, さまざまな試みがなされるようになっている。その例として, 「実践の多角化」を挙げることができよう。

　これまでの福祉サービスでは, 「高齢者」「障害者」「児童」といった利用者の属性ごとで異なる福祉サービスが展開されてきた。すなわち高齢者には高齢者福祉サービス, 障害者には障害者福祉サービス, 児童には児童福祉サービスが個別的に開発・実施されてきたのである。

　しかし高齢者にせよ, 障害者にせよ, 児童にせよ, 地域で暮らしている人々のニーズは, 本来とても多様かつ相互に結びつきあっているものであり, 決して個別的に開発・実施されているサービスだけでは支えきれない。そこで社会福祉を構成する高齢者福祉, 障害者福祉, 児童福祉などにおいて, 地域福祉の考え方を積極的に取り入れようとする動きが見られるようになったのである。地域福祉は, 援助を必要とする人が地域の中で安心して自立した生活をおくれるよう, その人のニーズに応じた総合的なサービスを提供しようするものであ

る。地域住民が主体的に福祉に参画できるシステムを構築するとともに、援助を必要とする人がその地域において家族、友人、近隣、ボランティアなどに支えられつつサービスを享受できること、これが地域福祉のポイントとなる。

　こうして今、自立、地域支援、社会復帰、参加などをキーワードとしつつ、ホームヘルプ事業やデイサービス事業、ショートステイ事業や自立支援事業をはじめとして、利用者のニーズに応じて総合的なサービスを提供する試みがなされつつあるのだ。これはまさに、地域福祉の実践方法を「高齢者」「障害者」「児童」といったさまざまな福祉領域にまたがって多角化させていったものだといえるだろう。

＊

　このように地域福祉では現在、「方法の多様化」と「実践の多角化」を見ることができるが、それにともなって地域福祉の対象は、従来の枠組みだけではとらえきれなくなっている。[7]方法を多様化させ内側から地域福祉の充実をはかろうとする観点を「狭義の地域福祉」、さまざまな福祉領域へと外側へ充実させていこうとする観点を「広義の地域福祉」というが、この両面から地域福祉の対象をとらえていく作業が今後、ますます必要になるだろう。

2　地域福祉における具体的なサービス

地域福祉におけるサービス体系

　第1節では、地域福祉の対象とは何か、それは今どのような方向に進みつつあるのかを見てきた。これら地域福祉の対象に関する理解をベースに、地域福祉の実践的なサービス内容はつくられている。地域福祉におけるサービスとして、これまで比較的よく言及されてきたものは以下の4つに整理できる。[8]

① 在宅福祉サービス
② 予防・福祉増進的サービス
③ 福祉環境づくり
④ 住民参加の福祉活動づくり

表4-1 在宅福祉サービス一覧

	対象	サービス内容
訪問型サービス	高齢者	訪問介護(ホームヘルプサービス) 訪問入浴介護 訪問看護(訪問看護ステーション) 訪問リハビリテーション 訪問診察,訪問療育管理指導
	障害児者	障害児者・訪問介護(ホームヘルプサービス)事業 身体障害者訪問診査 身体障害者自立支援事業
	児童	在宅保育サービス事業
通所型サービス	高齢者	通所介護(デイサービスセンター) 通所リハビリテーション(デイケアセンター) 宅老所・デイホーム,ふれあいサロン
	障害児者	在宅障害者デイサービス施設 身体障害者日帰り介護・活動(デイサービス)事業 知的障害者日帰り介護・活動(デイサービス)事業 知的障害児通園施設 精神保健福祉センター・通所リハビリ(デイケア)
	児童	保育事業(乳児保育,一時保育,長時間延長保育,障害児保育,夜間保育,休日保育,企業委託型保育サービス,その他) 放課後児童健全育成事業
滞在型サービス	高齢者	介護老人福祉施設における短期入所生活介護 介護老人保健施設及び介護療養型医療施設における短期入所療育介護
	障害児者	障害児(者)・知的障害者短期入所(ショートステイ)事業 身体障害者短期入所事業 精神障害者福祉ホーム,生活訓練施設,ショートステイ
	児童	乳児院短期入所 児童養護施設ショートステイ

(出所)「新版・社会福祉学習双書」編集委員会編『地域福祉論』全国社会福祉協議会,2001年,41頁を一部修正。

① 在宅福祉サービス

　地域福祉におけるサービスの中心には,在宅福祉サービスがある。在宅福祉サービスの充実や整備が図られるほど,住民は安心して地域において暮らし続けることができるのである。

　こうした在宅福祉サービスは,大きく「訪問型サービス」「通所型サービス」「滞在型サービス」の3つに分けることができる(表4-1参照)。「訪問型サー

ビス」はホームヘルプサービス事業を中心とする利用者の居宅において提供されるサービスである。また「通所型サービス」は利用者自身がデイサービスセンターなどへ通所し提供されるサービス,「滞在型サービス」は一定期間,施設などに入所することで提供されるサービスをいう(9)。

②　予防・福祉増進的サービス

予防・福祉増進的サービスは,すべての住民を対象としながら,福祉ニーズの発生を予防し福祉の向上を図っていくサービスをいう。このサービスには,「相談・情報提供」「生きがい・社会参加活動」「予防・増進検診」「権利擁護活動」などがある(10)。

「相談・情報提供」にあっては,私たちの生活に不可欠な住宅問題や教育問題,環境・衛生問題に関する相談や,同時に住民が主体となりうる福祉をめざした教育・啓発活動が行われる。このような「相談・情報提供」のサービスを積極的に推進していく担い手として,いま民生委員がクローズアップされている。民生委員は自らも一人の地域住民であるため,住民の立場にたって福祉サービスの相談や情報提供を行えると期待されているのだ。

「生きがい・社会参加活動」では,レクリエーション活動,ボランティア活動,教養講座等をはじめとした活動が推進され,要援護者が社会から孤立することを防ぎ,生きがいを創造していくことが企図されるのである。「予防・増進検診」では,要援護者にならないために,健康診断,リハビリテーション,健康増進活動などが行われ,「権利擁護活動」では高齢者,障害者,児童などに対する虐待,差別を防ぎ,彼らの人権を擁護するための活動が行われる。

③　福祉環境づくり

福祉環境づくりは,要援護者を主なる対象としてではあるが,地域における一般の住民も含めて,彼らが生き生きと暮らし,積極的に社会参加できるように,彼らをとりまいている環境を改善・整備していくサービスのことをいう。このサービスには,「物的環境の改善・整備」「法的・制度的環境の改善・整備」「意識的環境の改善・整備」の3つがある。

「物的環境の改善・整備」の例としては,道路・住宅・駅等のバリアフリー化,

リフト付き車両の導入などが挙げられよう。「法的・制度的環境の改善・整備」には，高齢者や障害者たちが社会参加をはばむ法律・制度を改正するといったことが挙げられる。最後に「意識的環境の改善・整備」は，高齢者，障害者，児童などに対して虐待や差別をしないように，地域住民たちの意識を啓発し，要援護者たちが，その地域の中で生き生きと暮らせるようにする活動をいうのである。

④　住民参加の福祉活動づくり

住民参加の福祉活動づくりとは，地域のコミュニティづくりを進める活動のことである。これは，地域住民に福祉への参加や協力を促し，住民の意識などを変えようとするものである。

*

以上が，地域福祉におけるサービスとして従来比較的よく言及されてきたものである。これらを概観してみると，「地域福祉のサービス」とは「地域福祉の対象」を基盤としつつも，もっと具体的な内容にまで踏み込んだものであるといえる。それゆえ，たとえば地域福祉の対象（第1節）にもサービス（第2節）にも「在宅福祉サービス」という言葉が使われているのだが，第2節におけるサービスの方がより具体的・実践的な内容に即したものになっていることがわかるだろう。

サービスの新たな展開とその具体例

だがこのような地域福祉のサービスが今，新たな方向へ展開されつつある。そこで以下では「地域福祉権利擁護事業」と「施設の社会化」を考察しつつ，これらサービスの新たなあり方を見ていくことにする。

①　地域福祉権利擁護事業

福祉の権利擁護にかかわるサービスは，これまでの地域福祉サービスにあっても「予防・福祉増進的サービス」の一環として取りあげられていた。しかし，これは一定の基準を満たしているとはいえ，きめ細やかなシステムを有するとは言いがたいものであった。そこで権利擁護サービスについてシステムの向上

をはかるべく，利用者の立場に立った「地域福祉権利擁護事業」が新たに展開されることになったのである。

　これは，1999年10月より全国の都道府県社会福祉協議会が実施主体となって行われている事業である。第1節でも述べたように，福祉サービスの制度は，行政主体の「措置制度」から，利用者が主体となる「利用者制度」へと転換されてきている。それにともなって，サービスを提供する事業者と対等な関係のもとで，利用者はサービスを自分で選択しながら利用できるようになったのだ。これが，いわゆる「サービスの選択利用制度」であるが，しかし判断能力が不十分な痴呆性高齢者，知的障害者，精神障害者たちは，自分たちにとってどのような福祉サービスが必要となるのかを的確に判断することが困難である。

　そこで，利用者が有する個別的なニーズや生活状況について相談をしたり，相談内容にもとづき調査を行い支援計画を立て援助内容を確定し，サービスを提供する事業者と契約をむすぶサポートを行う必要が生じてきたのだ。そればかりではなく福祉サービスの情報提供や日常的な金銭管理も含め，地域福祉権利擁護事業においては，サービスの利用者に対し福祉サービスの利用援助を行うことで，地域の中で自立した日常生活を営むことができるよう支援していこうとするのである。

　こういった地域福祉権利擁護事業は，さまざまな制度と関連性をもっている。その一つに「成年後見制度」が挙げられるが，これは利用者の財産管理や身上保護に関する契約など法律行為全般を行うものである。また「苦情解決の仕組み」も導入され，福祉のサービスの契約内容について利用者が苦情を申し出た場合，それを解決していくためのシステムが整えられつつある。さらに福祉サービスの質の向上をめざして，「第三者評価基準事業」も展開されており，当事者（事業者および利用者）以外の公正・中立な第三者機関が事業者の提供する福祉サービスの質を専門的かつ客観的な立場から評価しようという試みもなされつつある。

　②　施設の社会化

　社会福祉施設の中でも，いわゆる入所施設といわれてきた施設は，高齢者，

児童，障害者という対象を問わず，その設立の経過や運営のあり方からみて，とても地域と密着しているとは言いがたい状況であった。だから街中からずいぶん離れた場所に建っていたり，運営のあり方も施設の中だけしか通用しないようなものであることが多く，それが入所者の社会性や生活意欲を奪うことにつながるといわれてきた。「施設の社会化」とは，このような閉鎖的な状況を打破し，利用者に対するサービスや運営のあり方について改善をめざしていこうという試みである。

児童養護施設の例を見てみよう。一般的に児童養護施設は施設内部のケアに重点をおいてきたため，地域とそれほど密接にかかわってはこなかった。地域とのかかわりといっても，せいぜい，自治会や小中学校のPTAなどとの関係を維持し調整するといった程度のものにとどまってきたといえる。しかしながら，ある児童養護施設では施設を地域社会へと開かれたものにする必要を以前から感じてきたのである。

とくに近年，子育てに悩む人たちがふえており，彼らの多くが育児ノイローゼ，虐待，過保護，過干渉など多くの問題をかかえるようになっている。現在コミュニティのつながりが弱くなったため，地域の人たちが子育てをともに支えることが少なくなり，そのことが，親になる人たちの自覚の欠如とあいまって，こうしたさまざまな問題を生じさせているといえる。そのため，これら子育てのさまざまな問題に悩む人たちを支援し，今は見られなくなりつつあるコミュニティのつながりを再び創り出すことが児童養護施設の大切な社会的役割だと考えるにいたったのである。そこで地域住民が施設やその近隣の自然を自由に利用でき，地域の家族や子どもたちが気軽にたのしく遊べ，親同士の相互交流の輪を創りだし，子育ての問題などをめぐって相互にアドバイスし合ったり，情報を収集したりできる「プレイパーク事業」を展開するようになっている。こうした活動を通じ，児童養護施設は「地域に根づいた施設」をめざし地域の人たちとともに活動し，施設や施設に入所している子どもたちへの理解を獲得しつつある。このような施設の社会化を促進するサービスが，児童福祉施設にとどまらず，さまざまな施設で始まっているのである。

以上の例をはじめ，入所施設は「地域における福祉のサービスステーション」となり，地域住民が気軽に訪れ，相談や情報収集などさまざまな福祉サービスを利用できるように，サービス事業を展開することが要求されている。

*

 以上，地域福祉の対象とサービスについて説明してきた。「狭義の地域福祉」と「広義の地域福祉」の両面からとらえた場合，地域福祉は従来対象としてきたものを次第に超えつつある。こうした対象の変容は，当然，サービスにも影響を与えずにはいられない。第2節で述べたように，地域福祉のサービスは従来よく言及されてきた枠組みから，さまざまな方向へ展開しつつある。このように地域福祉は今，対象の面でもサービスの面でも新たな時代を迎えつつあるといえるだろう。

引用文献

(1) 永田幹夫『地域福祉論』全国社会福祉協議会，1988年，50～63頁。
(2) 松永俊文・野上文夫・渡辺武男編『現代コミュニティワーク論──地域福祉の新展開と保健医療福祉』中央法規出版，1997年，16頁。
(3) 平野隆之・宮城孝・山口稔編著『コミュニティとソーシャルワーク』有斐閣，82～92頁。
(4) 「新版・社会福祉学習双書」編集委員会編『地域福祉論』全国社会福祉協議会，2001年，72～75頁。
(5) 野上文夫・渡辺武男・小田兼三・塚口伍喜夫編『新版 地域福祉論』相川書房，2000年，91～92頁。
(6) 「新版・社会福祉学習双書」編集委員会編，前掲書，77～78頁。
(7) 瓦井昇「コミュニティワークとしての計画策定」『ソーシャルワーク研究』Vol. 28 No. 1，2002年，相川書房，26～31頁。
(8) 平野隆之・宮城孝・山口稔編著，前掲書，93～107頁。
(9) 福祉士養成講座編集委員会編『地域福祉論』中央法規出版，2001年，66～68頁。
(10) 野上文夫・渡辺武男・小田兼三・塚口伍喜夫編，前掲書，82頁。
(11) 野上文夫・渡辺武男・小田兼三・塚口伍喜夫編，前掲書，101～112頁。
(12) 牧里毎治・野口定久・河合克義編『地域福祉』有斐閣，1995年，117頁。
(13) 杉本敏夫・斉藤千鶴編著『コミュニティワーク入門』中央法規出版，2000年，

227～233頁。

読者のための推せん図書

平野隆之・宮城孝・山口稔編著『コミュニティとソーシャルワーク』有斐閣，2001年。
　——日本における地域福祉の理論と概念をうまく整理している。また各章ごとに設けられたコラムでは，非常に興味深い項目が挙げられている。

加藤博史・杉本敏夫編著『新しい社会福祉——地域福祉を考える』中央法規出版，1996年。
　——地域福祉は現在，転換期にさしかかっているといわれる。このテキストでは，大きく変容しつつある地域福祉の観点から社会福祉をとらえ直し，社会福祉の将来像を考えることができる。

永田幹夫『地域福祉論』全国社会福祉協議会，2000年。
　——これは必読書である。このテキストでは，地域福祉の概念と方法論が詳しく述べられており，地域福祉のエッセンスを知ることができる。

第5章

地域福祉とコミュニティワーク

　1981年「国際障害者年」のノーマライゼーション理念の普及以後，障害者の地域生活をはじめとして，高齢社会の高齢者の問題，子育てや子どもの健全育成の問題を含めた地域福祉の重要性と地域福祉実践の体系化が近年の大きな課題となっている。

　地域福祉における援助活動としては，ソーシャルワーク方法体系のひとつであるコミュニティ・オーガニゼーションが代表的な方法であるが，現代社会の地域福祉援助ではコミュニティワークおよびコミュニティ・ソーシャルワークなどあらたな地域福祉における専門的援助技術の展開がみられる。本章では地域福祉の実践技術であるコミュニティワークを紹介し，コミュニティワークにもとめられる独自の視点と専門的知識・技術について紹介していく。

1 コミュニティワークとは何か

用語の整理

　近年，地域福祉援助の方法として用いられているコミュニティワークは，アメリカで体系化された地域組織化の技法のコミュニティ・オーガニゼーションとほぼ同義に使われているが，実際には，コミュニティ・オーガニゼーションの対象である地域の資源や住民の組織化のみならず，その活動対象を拡大して用いられる援助技術である。したがって今日，コミュニティワークの方がもっぱら使われるようになっている。

一方，このように活動範囲が広がってきた背景には，専門的技術としてイギリス，アメリカそれぞれの社会状況や実践理論の発展のなかからあたらしい意味や定義が加わり，コミュニティワークの用語ができてきたことがある。現在，福祉教育カリキュラムではコミュニティワークという専門用語がコミュニティ・オーガニゼーションにかわって使われ始め，地域福祉の専門援助領域の一つとして定着している。[1]

コミュニティ・オーガニゼーションは，もともとイギリスのＣＯＳやセツルメント運動に端を発している。

ＣＯＳの事業はおもに友愛訪問による個別的な援助であったが，効率的，効果的に援助するために，その対象地域における慈善団体を組織化することが必要になった。

また，セツルメント運動は貧困者が生活するスラム街において社会改良をめざす知識人が住民や地域資源を教育的立場から組織化し，自立生活の援助活動をしたものである。

のちにアメリカでＣＯＳの友愛訪問活動はケースワークに，セツルメント運動はグループワークへと発展していくが，同時に地域における団体の組織化や調整活動はコミュニティ・オーガニゼーションという専門的援助方法として確立していった。

これらはいずれも問題をかかえ地域で生活する人びとを対象としたもので，援助を効果的にすすめていくため必要であった地域住民や社会資源の組織化といえる。日本においては長くコミュニティ・オーガニゼーションという専門用語が用いられてきた。これは，イギリスに比べてアメリカの技術論確立がきわだっていたからでもある。そこで，コミュニティワークとは何かを述べていくまえに，コミュニティ・オーガニゼーションからコミュニティワークへの流れをみていきたい。

アメリカにおける展開

1930年頃には，アメリカで社会福祉援助の方法論の体系化が活発になり，生

活問題に対して直接的・個別的な援助としてケースワーク，直接的・集団的解決をはかる専門技術としてグループワーク，それに並んで間接的・地域協働的解決によって個人の自立をめざすコミュニティ・オーガニゼーションが確立され，伝統的な三大方法の枠組みが整った。

その後，全米社会事業会議に出された「レイン報告書」(1939年)は，地域社会の民主的再組織化や小地域単位の組織化の技術体系として注目された。そこでは，コミュニティ・オーガニゼーションの体系化をはかり，住民参加の必要性を強調し，ニーズ把握と資源開発に結びつける調査技術を推し進めた。

ニューステッター (Newstetter, W. I) は「インターグループワーク理論」(1947年)で，地域の機関，団体間の連絡調整をはかる方法を論じた。さらにロス (Ross, M.) は，「地域組織化論」(1955年)で，コミュニティ・オーガニゼーションの定義や体系化をめざし，地域住民が自ら，そのニーズと目標を発見し，それを達成するに必要な資源を地域内外にもとめて行動を起こす姿勢を育成するプロセス，すなわち地域の全住民による直接的参加や協力体制を重視する理論を立てた。

また1960年代には，ロスマン (Rothman, J.) が住民参加の問題解決よりも必要な問題解決案を計画し，客観的救済をはかる援助方法を主張した。[2]

これらコミュニティ・オーガニゼーションの諸理論のなかで，地域福祉の発展にはソーシャルアクション（社会活動法）やソーシャルプランニング（社会計画法）も含まれるという実践理論が展開し，次第に多様化，細分化されていく。

イギリスにおける展開

19世紀，これまで教会が行ってきた慈善活動は，イギリスの貧困対策として地域において重要な役割を果たしてきたが，この援助活動を効率的，効果的に進めるため慈善活動団体を組織化したのがＣＯＳ（慈善組織協会）である。このＣＯＳが誕生したことがイギリスにおける地域福祉の始まりである。先にも述べたように，ＣＯＳの活動のおもな方法は，友愛訪問による個別援助であったが，地域に存在する各教会の慈善活動は乱立し，また漏救や濫救といった不

公平や不都合な問題が生じてきた。そこでこれらの問題を解決するために，教区内の慈善団体が組織化され，適切な援助を行えるよう改善されたのである。その後，アメリカへも移入されたＣＯＳは，ソーシャルワークの専門技術であるコミュニティ・オーガニゼーションとして発展し，さらに社会変化や科学化の進展と地域問題の複雑化にともないその機能は多様化してきた。

　一方，援助技術の体系のなかにこれに近いものとして地域社会をより経済的，社会的に開発することを目的とするソーシャルアクション（社会活動法），また，地域に発生するさまざまな問題の解決をはかるソーシャルプランニング（社会計画法）ができ，これら諸援助法は分化した。

　イギリスにおいてはＣＯＳの誕生以後，ソーシャルアクションとソーシャルプランニングの要素を含む地域援助方法はコミュニティ・ディベロップメントとして展開してきた。[3] コミュニティ・ディベロップメントは，もともと植民地の独立化にともなった居住地支援策としてもちいられてきた。しかしやがてアメリカにおけるコミュニティ・オーガニゼーションの多様化した活動が逆輸入されるとともに，地域住民を主体として，地域における経済的，社会的，文化的な生活状態を改善するために，政府や行政の支援を求める専門的支援方法となった。

　イギリスにおけるこのような地域福祉の展開のなかで注目したいのは，1950年代以後のコミュニティケア政策である。イギリスのコミュニティケアとは，在宅福祉サービスの体制確立と推進である。つまり居宅の要援護者に対して，地域の社会資源と住民参加の体制で援助する方法である。それは，生活貧困ばかりでなく精神障害者からはじまり，身体障害者，高齢者，児童など個別の問題に対応する地域支援の考え方であり，ノーマライゼーションの理念のもと急速にすすめられてきた。さらに，1968年のシーボーム報告にみられる対人福祉サービスのありかたとして地方自治体における具体的な社会サービス供給と住民参加を促進するコミュニティケア実施の時代が始まる。こうしてアメリカから取り入れたコミュニティ・オーガニゼーション論にコミュニティケアの実施体制が加わって，イギリスではコミュニティワーク実践が始まった。このシー

ボーム報告をうけて「地方自治体ソーシャルサービス法」(1970年) が制定され，コミュニティケアの専門技術としてコミュニティワークの用語ができ，その必要性が叫ばれるようになった。

このようにコミュニティワークはイギリスの貧困者援助であったCOS，セツルメントを源とし，アメリカで援助方法として発展し，理論的研究や社会的変化のなかでその概念も多様化し，再びイギリスにおいてあらたな地域福祉として展開してきたが，今日では生活問題の深刻化，拡大化や地域社会の変動にともなう対象・年齢を問わない多様な問題の出現により地域社会全体を視野に入れた活動方法として広く認知されるようになった。

コミュニティにおける援助

最近，よく用いられるコミュニティ・ソーシャルワークは，1982年，イギリスの「バークレイ委員会報告」なかで「コミュニティ・ソーシャルワークとは，公式的なソーシャルワークの技法であり，個人やグループに影響を与えているさまざまな問題，さらに社会サービス部や民間団体の責務と資源という点から出発し，われわれがコミュニティの基本的構成要素と考えているフォーマル，インフォーマルな地域ネットワーク，さらにはクライエント集団の重要性を開発，援助，資源化，強化しようとするものである」とされた概念で，この後イギリスで一般的に広がった。ハドレイ (Hadley, R.) は地域住民をパートナーとする視点をもち，社会的なサービス計画とカウンセリングの統合を内容とする地域社会を基盤にしたソーシャルワークとしている。そしてニーズをもつ人びとに限らず潜在的な利用者や地域住民の予防的サービスも含めて，インフォーマルネットワーク，コミュニティ集団，ボランティア，民間組織などによるサービスへの支持や強化が重要である点を強調している。

このように地域福祉の援助方法としてさまざまな発展やいくつかの概念がみられるが，コミュニティワークは，地域住民それぞれの人間発達，加齢，障害，家庭経済，家族機能に伴うさまざまな生活困難に対し，住民が主体的に制度的サービスを利用できるように援助する方法であり，さらに地域の住民組織やボ

ランティアなどの協力で地域社会に必要な制度やサービスを作り出して，その生活困難を緩和し解決していく方法だといえる。

さて，実際のコミュニティワークつまり地域福祉実践の中心は，地域組織化活動である。地域組織化活動には，地域共同体をコミュニティモデルとして形成していく一般の地域組織化と地域にある福祉施設や機関などの連絡・調整を目的とした福祉組織化とに分けられる。これは永田幹夫の分類であり，全国社会福祉協議会が定義しているものであるが，第2節ではこの地域組織化および福祉組織化について簡単に説明していこう。

2　地域の組織化

地域組織化とは

前節で述べてきたように地域福祉実践の方法として，地域組織化と福祉組織化の二つに分けて説明される。永田幹夫は，地域組織化は「住民の福祉への参加・協力，意識・態度の変容を図り福祉コミュニティづくりをすすめる」もので，福祉組織化は「サービスの組織化・調整，サービス供給体制の整備，効果的運営」であると述べている。つまり，地域組織化が住民を対象とし，福祉組織化は福祉専門機関やサービス，施設，関連団体を対象としている。

ところで，「地域社会」と「コミュニティ」の二つの用語が使われるが，「地域社会」というときはある特定範囲の場所における生活共同体を指し，「コミュニティ」というときはある一定の地域に居住し共通の問題意識や生活感情を有する人間の集団そのものや空間を指すという微妙な使い分けをしている。急速な都市化，個人プライバシー優先の現代社会では，この「コミュニティ」という語に，人間社会にとって理想であり望ましい状態概念を意味する傾向がある。とくに福祉的視座からコミュニティという表現を用いる際には，人間発達や生活保障，相互扶助，情緒的安定などの機能も含んでいることが多い。このように地域社会がもつ相互扶助や人間発達保障の機能は，従来，地域の近隣組織や住民自治会，いわゆるインフォーマルなネットワークによって維持されてきた。

近隣の付き合い，地域のつながりが希薄化している現代，介護の社会化や子育て支援などの具体的支援システムを整備するうえで地域の見直しが始まっている。具体例としては，おもに社会福祉協議会が担っている小地域単位の組織化，ボランティアや福祉教育活動，地域の当事者組織などがあげられる。

現代の地域組織化

実際にわれわれが生活する地域では，何らかの自治組織がある。そこには年齢や対象別の活動組織が存在する。たとえば，地域の子ども会，婦人会，老人会をはじめとする自治組織により環境衛生，青少年愛護，防犯への取り組みや町内の行事などが行われている。最近は，住民自身が住みよい環境を築こうとするまちづくり協議会の組織化や，行政による都市開発に関して住民が声を上げ，計画に参加をしていく市民運動の組織化も活発である。このほか，同業者による地域組織，学校を中心とした保護者の地域組織，宗教団体の地域組織，各種教養活動団体の地域組織など枚挙にいとまがない。さらに子育てや世代間の交流，一人暮らし高齢者や高齢者夫婦など同じ問題を抱える住民による自主的な地域組織が挙げられる。

これらに加えて各地域にはもっとも重要な役割を担う民生委員がいる。民生委員は地域住民の生活保護ニーズの把握と要保護児童や心身障害者の生活問題に積極的に関わることが課せられている。これらすべてが地域の組織化といえるだろう。

もっとも提示しやすい例としては，地域に暮らす高齢者の生活である。自治会，老人会や居住地区の民生委員が地域の見守りを行う一方で，地域住民がボランティア活動に参加するようさまざまな地域啓発をしていく。このような意識のなかで，コミュニティがもっている相互扶助や高齢者の自立支援，情緒安定をはかっていくことが地域組織化の目的である。

地域組織化の方法

地域の組織化の方法としては，コミュニティ・オーガニゼーションの援助技

術が用いられるが,岡村重夫はその手順を,
(1) 地域診断でニーズ把握を行う
(2) 具体的な目標設定とそれに向けての実現方法を援助者と住民が共同で計画策定する
(3) 実施過程で住民参加と連絡調整,資源の動員,ある種のソーシャルアクションを展開する
(4) 設定目標の達成度や全体の評価をすることで,これらを繰り返して組織化を行っていく

と示している。[5]

また,地域住民を協働者として相談機能を生かし,社会サービスの計画を行うことが重要である。その財源となる共同募金や地域活動に参加するボランティアの養成とそのコーディネートなども地域の組織化に必要なことである。

3 福祉の組織化

福祉組織化とは

福祉組織化とは,地域にある福祉専門機関や福祉施設,サービス事業体,福祉関連団体などの社会資源を対象として,地域住民に効率的,効果的にサービス利用ができるよう協働システムをつくり,ネットワーク形成をはかり,供給体制を整備していくことである。福祉組織化の援助には,地域診断とそれにもとづいた計画,社会資源の開発や改善,また関連機関の連絡調整が行われる。

これからの整備目標としては,高齢社会の地域生活において高齢者が要介護状態に陥ったり,状態が悪化することがないようにする介護予防や,自立生活を確保するために必要な生活支援事業があげられている。これは在宅の高齢者に対する生きがいや健康づくり活動およびねたきり予防のための知識の普及啓発等により,健やかで活力ある地域づくりを推進することを目的としている。
また,事業としては,配食サービス,外出支援サービスのほか,軽度生活援助事業には散歩つきそい,食材の買い物,布団干し,家具や電気の修理,屋内整

理，朗読・代筆，除雪など多岐にわたる軽易な日常生活上のサービスがある。これらはすべてニーズに速やかに対応できる地域のボランティアや近隣住民が参加できる組織をもって運用していくことが望ましく，また効率的，効果的である。

　また少子社会の到来とともに，子育てをはじめ子ども，青少年に至る次世代への社会的取り組みが活発となっている。このような活動のなかで，住民が地域の特性および地域独自の問題やそれぞれ個別の問題・ニーズにさらに目をむけるようになり，自発的な助け合いが生まれてくる。生活支援事業によって地域に向けられた関心は，高齢者に限らず他の世代も含めた地域全体の見守りや子育て支援，子どもの健全育成へと広がり，これまでのような対象別の地域組織化ではなく，地域資源としての福祉施設やサービス機関をふくめた全体性，連続性の福祉コミュニティを創り出すことにコミュニティワークの独自性があるといえる。

　前出の岡村重夫は福祉組織化のなかに福祉コミュニティづくりを取り上げ，その機能として，以下の五つをあげている。[6]

(1) 社会福祉政策に対する住民参加

　　福祉サービスの計画や運営方針が権力者や官僚によって決定されることのないよう，住民や利用者の意見を反映させること

(2) 情報活動

　　福祉サービス対象者の生活実態や生活ニーズ，さらに現行福祉サービスの欠陥や今後検討すべき地域の福祉課題についての情報収集，整理，提供

(3) 地域福祉計画の立案

　　福祉コミュニティの構成員である福祉サービス利用者や，地域住民の価値選択によってその権利と利益を守る福祉計画の立案

(4) コミュニティ内外にわたるコミュニケーション

　　福祉コミュニティは多様な要求や利害関係をもつ多数の集団と個人を含んでいるが，地域で共通の価値意識や相互理解を発展させていくには，コミュニティ内および外部との話し合いが重要である

(5) 社会福祉サービスの新設と運営

　住民の生活要求についての資料や情報による立案した計画を参考に，コミュニティに必要な社会福祉施設や福祉サービスを運営していく必要がある

　このところ21世紀の展望として，福祉コミュニティの創造や構築がよく取り上げられるが，いいかえればそれは，地域で生活する高齢者，子ども，青年，成人すべての世代にかかわる福祉の実現を意味している。ゴールドプラン，新ゴールドプラン，ゴールドプラン21と続くなかで共通する目標は，地域福祉，在宅福祉の施策の推進である。それゆえ介護保険制度のもとに整備すべき地域福祉の課題のひとつは，市町村独自の福祉コミュニティ形成であるともいわれている。

福祉組織化と福祉コミュニティ

　そもそも福祉コミュニティとは，つぎのように定義される。「生活上の不利条件をもち日常生活上の困難をもち，またはもつおそれのある個人や機関・団体が共通の福祉関心を中心として形成する特別なコミュニティ集団である[7]」とされている。福祉コミュニティの組織構成は，高齢者，要介護高齢者，児童，母子家庭，父子家庭，生活保護受給者，心身障害者，精神障害者，難病患者，その他保健・福祉や介護・医療サービスの対象者である。また同時に，これら対象者にサービスを提供する機関，団体，施設，かかわる援助者である。この両者が話し合い，ともに望ましい生活目標に向かうのである。

　岡村重夫による福祉コミュニティ論は，福祉施設や福祉サービスの計画や実施に住民が参画し，住民主体の福祉サービス供給を行うべきだという特色がみられる。佐藤守も，「福祉コミュニティの理論」のなかで，その範囲をまず地方自治体の市町村であると規定している[8]。たしかに高齢者の生活問題にかぎって述べると，福祉施設や福祉サービスの計画参画という点では市町村レベルとなろう。しかし発足した介護保険制度そのものが社会保険の枠組みではあるものの，ノーマライゼーションや利用者本位，自己決定など一種の住民参加をめざしている。市町村単位の介護ニーズ把握とサービス計画がなされており，あ

たらしい時代の社会保険の性格からオンブズマンや第三者評価などに住民代表が加えられている。そうすれば福祉コミュニティはこの市町村単位の地域福祉よりも，むしろ市町村内の小地域レベルで検討することが重要である。実際，制度上の制約がある介護保険で対応できない住民の生活ニーズは多い。さらに佐藤は，「福祉コミュニティは，地域福祉すなわち地域住民の生活の場，交流，連帯の場としてのあたらしいコミュニティを社会基盤とした社会福祉」と記述している。

福祉コミュニティとは，これまで述べてきたようなあらゆる世代の人にとっての住みよいまちづくり，地域に必要な社会資源の充足，生活の場における人間性の回復と自己実現，そして人間発達や生活困難を気遣い合う近隣相互の関心と相互援助のシステムがそろった地域社会である。このコミュニティ形成が現在もっとも求められており，コミュニティワークの重要性があらためて問われている。

4 コミュニティ・ソーシャルワークへの展開

コミュニティワークとコミュニティ・ソーシャルワーク

みてきたように，地域福祉の実践・地域組織化や福祉組織化の専門的技術はコミュニティワークであるが，杉本敏夫は，これからのコミュニティワークの取り組みとして，以下の6点をあげている。

(1) 誰もが可能な限り自立した生活ができるように支援するためのコミュニティワーク
(2) 地域住民の生活に密着したコミュニティワーク
(3) 保健・医療・福祉の連携のもとでのコミュニティワーク
(4) エンパワメント志向のコミュニティワーク
(5) フォーマルとインフォーマルなサービスを視野に入れたコミュニティワーク
(6) コミュニティワーカーの専門性の向上

これらの取り組みには，従来のコミュニティワークに加えて他領域のソーシャルワークの視点や実践が必要となろう。

　福祉コミュニティ形成を推進するための専門的援助は，コミュニティにおけるソーシャルワーク機能である。前節で述べてきたが，コミュニティを組織化する専門的技術をイギリスではコミュニティワークという表現を使ってきた。同じ頃，イギリスの「バークレイ委員会報告」(1982年）で提案されたあらたなソーシャルワーク業務の進め方として，コミュニティ・ソーシャルワークという用語が使われ始めた。この報告書においては，支援を必要とする人々の生活圏や人間関係などの環境面を重視した援助を行う，と説明されている。地域を基盤とするインフォーマルな支援を発見し，クライエントをそれらに結びつけたり，支持したり，開発したり，制度的な資源との関係を調整したりすることをめざす社会的ケア計画とカウンセリングを統合するソーシャルワークの方法ということができる。

　また，イギリスのアラン・トェルヴトゥリース（1991年）による，コミュニティワークを「ふつうの人々が集合的行為によってコミュニティを改善しようとすることを支援する過程」と定義し，「地域ネットワークの強化に専門性を見出すことに主眼をおき，地域におけるクライエントをより効果的に援助することを重視する」コミュニティ・ソーシャルワークと区別する見方もあった。

　大橋謙策は，日本の現状から，「コミュニティ・ソーシャルワークとは，地域に顕在的に存在する生活上のニーズを把握し，それらの生活上の課題を抱えている人びとの間で，信頼関係を契約に基づき対面形式によるカウンセリング的対応も行なう」ものとまとめている。

コミュニティ・ソーシャルワークの確立にむけて

　第1節で，日本の社会福祉領域とくに地域福祉の分野で複数の地域援助技術に関する用語を取り上げ，現代の社会福祉教育で用いる専門用語の整理を試みたが，このようにイギリスで使われてきた本来のコミュニティワーク，コミュニティ・ソーシャルワークの両語の区別をあらためてみてみると，コミュニ

ティにおける社会資源，福祉サービスの整備や改善，地域ネットワークの強化やプランニングを主張するだけではなく，生活の場における人間性の回復，自己実現，生活困難を相互に気遣う近隣相互の見守りとインフォーマルな支援システムの構築をめざす福祉コミュニティの形成を促す側面的援助，つまりコミュニティに存在する人間そのものの支援を中心におき，カウンセリング的支援を行うコミュニティ・ソーシャルワークの援助方法が，今日の地域福祉の課題に適合しているのかもしれない。これまでのコミュニティワーク専門技術の独自性に，コミュニティ・ソーシャルワークの特性を加えた地域福祉の援助が望ましいといえるだろう。

ただし吉原雅昭は，コミュニティ・ソーシャルワークはクライエント自身の強さや市民仲間が助け合う価値を認め，地域に起きる問題を予防する機能もあわせもつという点で非常に評価されるが，逆に理想論になって現実的でなくなることも懸念され，また財政上の理由をすりかえてインフォーマルな援助体制を美化し推進することで制度的な資源や公的な福祉サービス開発を抑制してしまう問題も残されていると解説している。[02]

これからのコミュニティワーカー

介護保険制度下の日本においては，住民の主体性，自己決定が重視される。地域住民自らが問題やニーズを明らかにし，保険給付で得られないサービスを地域で資源化し改善していくことが求められる。このために，これからの地域福祉は住民を啓発し，組織化し地域ネットワークを拡充し，援助を必要とする地域の人々にカウンセリングを行う体制が必要であり，それら地域の資源や地域ネットワークを有機的につないでよりよい生活を支援していくコミュニティ・ソーシャルワークが一層重要となってくる。それらは介護保険サービスの上乗せ，横出しサービスのひとつにもみられるもので，地域資源として住民に活用されるほか，地域自体の活性化となり本来もっていた相互扶助，安否確認・見守り，話し相手・情緒安定などの地域機能を復活させることになると期待されている。

このため，地域福祉の専門的援助に携わるソーシャルワーカーは，個人，家庭，家族，グループ，組織，コミュニティに対して幅広く働きかけるときに必要な技能を身に付けていることが求められる。アメリカにおいてソーシャルワークは専門職分化し，スペシフィック・ソーシャルワークを築いてきたが，1980年代以降，ケースワーク，グループワークの統合をめざすジェネリック・ソーシャルワークというミクロ・ソーシャルワークとソーシャルアクションやソーシャルポリシーを扱うマクロ・ソーシャルワークという二つの流れが進んでいる。

　今日，ノーマライゼーションの具体的支援方法として，コミュニティにおける個人や地域社会を援助することがふたたび重要となってきた。そのためにはケースワーク，グループワーク，コミュニティワークという枠で区切るのではなく，それらを包含し統合させるジェネラリスト・ソーシャルワークやジェネラルソーシャルワークの考え方が台頭している。アメリカのソーシャルワーク中央教育協議会の「専門職基礎カリキュラム」において，ジェネラリスト・ソーシャルワーカー実践に必要なものは，①ソーシャルワークの価値と倫理，②多様性に富むリスク状況下の集団と社会的正義，経済的正義，③人間行動と社会環境，④社会福祉政策とサービス，⑤ソーシャルワーク実践，⑥調査研究，⑦現場実習などを示してジェネラリスト・ソーシャルワークの教育をめざしている。これからの日本における地域福祉実践は，コミュニティ・ソーシャルワークの展開が必要であり，そのための専門的知識や技術修得には，あたらしい教育枠組みが求められる。今後，コミュニティ・ソーシャルワーカーの教育にはコミュニティの地域性，独自性を基盤として，ジェネラリスト・ソーシャルワーク教育の充実も課題となってこよう。

引用文献
(1) 平野隆之・宮城孝編著『コミュニティとソーシャルワーク』有斐閣，2001年。
(2) 濱野一郎・野口定久編著『コミュニティワークの新展開』みらい，1996年。
(3) 山口稔「地域福祉の推進方法とソーシャルワーク」市川一宏・牧里毎治編著『地域福祉論』ミネルヴァ書房，2002年。

(4) 永田幹夫『地域福祉論』全国社会福祉協議会，1988年。
(5) 岡村重夫『地域福祉論』光生館，1974年。
(6) 岡村重夫，前掲書。
(7) 高森敬久・高田真治編著『コミュニティワーク』海声社，1989年
(8) 佐藤守編著『福祉コミュニティの研究』多賀出版，1996年。
(9) 佐藤守，前掲書。
(10) 杉本敏夫・斉藤千鶴編著『コミュニティワーク入門』中央法規出版，2000年。
(11) 大橋謙策「地域福祉計画とコミュニティソーシャルワーク」『ソーシャルワーク研究』Vol. 28, No. 1, 2002年。
(12) 吉原雅昭「コミュニティソーシャルワーク」『社会福祉用語辞典』ミネルヴァ書房，2000年。

参考文献
(1) 加納恵子「コミュニティワーク」山縣文治・柏女霊峰編著『社会福祉用語辞典』ミネルヴァ書房，2000年。
(2) 野口定久「コミュニティと地域福祉」市川一宏・牧里毎治編著『地域福祉論』ミネルヴァ書房，2002年。
(3) 瓦井昇「地域福祉の歴史と沿革」市川一宏・牧里毎治編著，前掲書
(4) 奥田道大編著『福祉コミュニティ論』学文社，1993年。

読者のための推薦図書
杉本敏夫・斉藤千鶴編著『コミュニティワーク入門』中央法規出版，2000年。
　――文字どおり，コミュニティワークを初学者むけにわかりやすく概説した本。コミュニティワーカーの活動やコミュニティワークの実践事例によって具体的に学ぶことができる。
金子勇著『地域福祉社会学』ミネルヴァ書房，1997年。
　――社会学の立場から高齢社会およびコミュニティの問題点，地域福祉の動向を述べるとともに若干の国内外のコミュニティを比較していて，興味深い。

第6章

地域福祉と社会福祉協議会

「社会福祉法」の制定は、社会福祉協議会が創設から今日にいたるまで、一貫して追求しつづけてきた地域福祉の概念の実体化であり、まさしく21世紀の「地域福祉新時代」の到来を告げるものであった。「社会福祉法」のなかで、社会福祉協議会は、「地域福祉の推進を目的とする団体」と記されており、名実ともに地域福祉推進の中核的役割を担うこととなった。

本章では、地域福祉と社会福祉協議会を関連づけながら、第1節では、社会福祉協議会のもつ性格・活動原則・機能を「新・社会福祉協議会基本要項」にそって整理し、第2節では、社会福祉協議会のあゆみを、地域福祉論の理論的展開との関連のなかで歴史的に考える。そして、第3節では、現在、社会福祉協議会で実施されているさまざまな事業の内容とその課題について述べ、第4節においては、地域での自立支援と利用者の権利擁護を趣旨とした、地域福祉権利擁護事業について学ぶ。

1 社会福祉協議会とは

社会福祉協議会とは

社会福祉協議会は、通称「社協」と呼ばれており、福祉関係者、福祉団体、関係機関等によって組織された、公共性・公益性の高い民間非営利組織である。社会福祉法では、「地域福祉の推進を図ること目的とする団体」とされ、第二種社会福祉事業に位置づけられている。

第 6 章 地域福祉と社会福祉協議会

　社協は，1951（昭和26）年，社会福祉事業法の制定にともない，全国社協および都道府県社協が設置されたが，法律には定められてはいなかったものの，並行して各市区町村でも組織化が進められた。そして今では，ほぼ100％に近い社協が社会福祉法人として法制化され，全国にネットワークをもつ福祉組織となっている。社協はその誕生の時から一貫して，民間組織としての自主性とともに，住民・行政などの福祉関係者を構成員とする公共性をもった組織であり，わが国の地域福祉推進の中心的役割を担ってきた。

　今回の社会福祉法の改正においては，福祉の概念が，戦後の救貧的福祉，あるいは社会福祉施設を中心とした入所型福祉から，在宅での自立支援を中心とした地域福祉へと大きく転換するなかで，社協の性格や役割にも大きな変化がみられるようになった。

　ここでは，まず社協のもつ性格，活動原則，機能について，1992（平成4）年に策定された「新・社会福祉協議会基本要項」にもとづいて整理をしたい。

社会福祉協議会の性格

　「新・社会福祉協議会基本要項」[1]によると「社会福祉協議会は，①地域における住民組織と公私福祉事業関係者等により構成され，②住民主体の理念に基づき，地域の福祉課題の解決に取り組み，誰もが安心して暮らすことのできる地域福祉の実現をめざし，③住民の福祉活動の組織化，社会福祉を目的とする事業の連絡調整および事業の企画・実施などを行う，④市区町村，都道府県・指定都市，全国を結ぶ公共性と自主性を有する民間組織である」とされている。

　社協の性格をもう少しわかりやすくまとめてみると，第一に，社協の構成員は，住民・当事者・ボランティアや，公私の社会福祉事業関係者，地域の諸団体が積極的に参加することによって成り立っていること。第二に，住民主体の理念とは，住民のニーズに立脚する態度，住民の自主的な取り組みの組織化と活動を基礎とし，さらに住民の意思と活動が反映される社協組織とすること。第三に，社協は，地域における社会福祉事業の連絡調整，住民の福祉活動の組織化，事業の企画・実施を行い，民間の立場で福祉を総合的にすすめる公共性

の高い組織であることなどが考えられる。

社会福祉協議会の活動原則

社会福祉協議会は，次の5つの活動原則をふまえ，各地域の特性を生かした活動をすすめるとされている。

① 広く住民の生活実態・福祉課題等の把握に努め，そのニーズに立脚した活動をすすめる。　　　　　　　　　　　　　　[住民ニーズ基本の原則]
② 住民の地域福祉への関心を高め，その自主的な取り組みを基礎とした活動をすすめる。　　　　　　　　　　　　　　[住民活動主体の原則]
③ 民間組織としての特性を生かし，住民ニーズ，地域の福祉課題に対応して，開拓性・即応性・柔軟性を発揮した活動をすすめる。[民間性の原則]
④ 公私の社会福祉および保健・医療，教育，労働等の関係機関・団体，住民等の協働と役割分担により，計画的かつ総合的に活動をすすめる。
　　　　　　　　　　　　　　　　　　　　　　　　[公私協働・計画性の原則]
⑤ 地域福祉の推進組織として，組織化，調査，計画等に関する専門性を発揮した活動をすすめる。　　　　　　　　　　[専門性の原則]

こうした活動原則は，社協活動が住民ニーズに立脚していること，住民の地域への関心の喚起と自主的取り組みをすすめることを示している。また，活動をすすめるうえでは，民間である社協と行政との協働にとどまらず，民間の諸団体，住民，当事者，ボランティアの協働など，幅広く公私協働をとらえることが必要となる。そして，その活動は公私協働・役割分担を背景にして計画的，総合的にすすめられ，理論と技術に裏付けられた専門性を発揮することが求められる。

社会福祉協議会の機能

社協のもつべき機能に関しては，次のように記されている。
社会福祉協議会は，地域福祉推進の中核組織として，次の機能を発揮する。
① 住民ニーズ・福祉課題の明確化および住民活動の推進機能

② 公私社会福祉事業等の組織化・連絡調整機能
③ 福祉活動・事業の企画および実施機能
④ 調査研究・開発機能
⑤ 計画策定，提言・改善機能
⑥ 広報・啓発機能
⑦ 福祉活動・事業の支援機能

　社会福祉協議会は，地域福祉をすすめるうえで，「①住民ニーズ・福祉課題の明確化および住民活動の推進機能」「②公私社会福祉事業等の組織化・連絡調整機能」の2つの機能を基本として，「③福祉活動・事業の企画および実施機能」を発揮することになる。そして①から③を支えるために，④から⑦の機能があるとされている。

2　地域福祉と社会福祉協議会のあゆみ

社会福祉協議会の萌芽期（第二次世界大戦以前）

　社会福祉協議会創設の源流は，1908（明治41）年の中央慈善協会の発足にみることができる。当時，慈善事業家あるいは篤志家による慈善団体の組織化は，東京，大阪などにおいてすでに進められていたが，内務省の主催で開催された第1回感化救済事業講習会を契機に，全国組織として発足した。中央慈善協会は，慈善救済にあたる関係者相互の連絡調整や，講習会の開催などにより専門性の向上を図ろうとするものであり，後の日本社会事業協会，中央社会事業協会，さらに全国社会福祉協議会へとつながる源流となった。

社会福祉協議会の創設期（1950～1960年代）

① 社会福祉協議会の創設

　第二次世界大戦後，日本社会事業協会は，それまでの半官半民の政府色の強い団体であった反省から，公私責任分離と組織の民主化をめざした改革を始めた。

一方，GHQ（連合軍総司令部）は，「厚生施策の主要目標（6項目提案）」を示したが，その項目の一つに，社会福祉活動に関する協議会の編成があった。
　こうした状況の中から，1951（昭和26）年，「社会福祉事業法」が制定され，社会福祉協議会の法制化が行われた。社協の創設は，厚生省，GHQの指導により，日本社会事業協会，恩賜財団同胞援護会，全国民生委員連盟など戦前からの3団体が統合し，中央社会事業協会（現全国社会福祉協議会）として発足し，また，それまで社協と表裏一体の活動をしてきた共同募金も法制化された。
　しかし，社会福祉協議会の法制化は，先にも述べたとおり，全国社協および都道府県社協のみであり，市町村社協が法制化されるのは，32年後の1983（昭和58）年であった。当初，社協の創設には，アメリカから導入されたコミュニティ・オーガニゼーションの理論がそのよりどころとなっていたが，まだ十分活かされきれず，その活動内容は団体間の連絡調整や連携に重点が置かれ，市町村社協における地域福祉という概念はまだ育っていなかったといえよう。
　また，社協創設当時の事業としては，戦後処理として，戦災孤児，傷痍軍人，引揚者，救貧対策などが中心あり，社会保障と社会福祉が未分化の状態であったことも，その特徴であった。
　②　コミュニティ・オーガニゼーション（地域組織化）理論の登場
　コミュニティ・オーガニゼーション（Community Organization），すなわち地域組織化の理論は，1870年代のアメリカにおいて登場し，社会事業団体，あるいは寄付団体の運営技術として発展してきた。世界大恐慌後の1930年代になると，住民が互いに組織化し，地域の生活問題の解決をめざすようになる。1939年には「レイン報告」が出され，地域のニーズと社会資源の結合・調整がコミュニティ・オーガニゼーションの主な機能とする，理論的体系化がすすめられた。また，1947年には，ニューステッターによる「インターグループ説」がだされ，近代化の波のなか崩壊しつつある地域社会において，地域内の各種グループを互いに調整・統合することにより，問題解決を図ろうとする「集団間関係の指導技術」の考え方も生まれた。さらに，1950年代には，弱体化する地域に対して，住民の主体的参加・共同化を呼びかける「マレー・ロスの理論」

も登場する。これらの地域組織化の理論が社協発足当時の理論的よりどころとなり、その後約半世紀におよぶ社協活動の基本理念となった。こうした理論的背景のなかで、やがて「社会福祉協議会基本要項」が策定されることになる。

③ 社会福祉協議会基本要項

1962（昭和37）年、全社協は、発足以来10年間の活動の成果を踏まえ、「社会福祉協議会基本要項」をまとめた。これは、社会福祉事業法で定められた社協の基本的な性格を、具体的な活動方針として表しており、その後の社協の活動指針となるものであった。

この要項では、住民主体の原則にもとづき、「調査、集団討議、及び広報等の方法により、地域の福祉に欠ける状態を明らかにし、適切な福祉計画を立て、その必要に応じて、地域住民の協働促進、関係機関・団体・施設の連絡・調整、及び社会資源育成等の組織活動を行うこと」としている。

そして、社協の組織としては、「市町村から都道府県へ、そして全社協へと積み上げ方式による系統的な組織であることを確認し、更に市町村社協を住民自治組織、機能別、階層別各種の住民組織、民生委員児童委員等による組織」としている。

また、社協「職員の所在と役割」においては、事務局体制の強化と専門職員の配置について記しており、国庫補助による福祉活動専門員等の配置へとつながっていった。[2]

コミュニティケアの登場と体系化（1960～1970年代）

第二次世界大戦後のイギリスにおいては、「ベバリッジ報告」にみられるように、「ゆりかごから墓場まで」といった福祉国家をめざす方向から、やがて1960年代になると、ノーマライゼーションの思想を取り入れたコミュニティケアが重視され、コミュニティワークの理論的体系化が進められてきた。

1968（昭和43）年には、コミュニティワークは、地域共同開発、地域組織化、社会計画の3つの関連する活動であるとする「カルベキアン報告」が提出された。また、同年には、「シーボーム報告」が発表され、①福祉行政の一元化と

合理化，②コミュニティケア指向の援助技術，③住民参加の促進などが提案された。これを受けてイギリス政府は，シーボーム報告の具体化として，1970 (昭和45) 年に「地方自治体社会福祉サービス法」を制定し，①国家的福祉サービスから，地方分権型制度的福祉サービスへと転換する「地方分権化」，②「公的責任におけるコミュニティケアの促進」，③各種在宅福祉サービスの量的拡大やコミュニティワーカーの配置による，「対人福祉サービスにおけるソーシャルワークの確立」など，コミュニティワークによる新しい福祉概念が広まっていった。

一方，わが国においても，高度経済成長の歪みによる公害問題，過密過疎化，核家族化など，新たに発生した福祉問題を，崩壊しつつあった地域社会にその解決を求める方向へと動いていった。こうして，コミュニティが，地域福祉の基盤としてもう一度見直されてきた。

1969 (昭和44) 年，国民生活審議会調査部会コミュニティ問題小委員会報告「コミュニティ　生活の場における人間性の回復——高度成長の歪みを踏まえた，新しいコミュニティづくりを開く政策提言」が出され，従来の伝統的な住民組織に代わる新しい市民意識をもったコミュニティ形成の必要性を提言している。

また，同年には，東京都社会福祉審議会による答申「東京都におけるコミュニティケアの進展について」が出され，イギリスのコミュニティケアの考え方を参考に，コミュニティを基盤にした住民参加によるコミュニティづくりを提言している。

そして，1971 (昭和46) 年，中央社会福祉審議会は「コミュニティケアの形成と社会福祉」を答申し，従来からの入所型福祉中心から，地域福祉サービスへの転換を唱えている。

地域福祉論の登場と体系化（1970～1980年代）

わが国において地域福祉論が登場するのは，1970年代になってからであり，岡村重夫らにより，イギリスのコミュニティケアの概念が取り入れられ，日本

独自の理論として発展していった。岡村はその著書『地域福祉論』のなかで，地域福祉の構成要素は，「(1)最も直接的具体的援助活動としてのコミュニティケア，(2)コミュニティケアを可能にするための前提条件づくりとしての一般地域組織化活動と地域福祉活動，(3)予防的社会福祉の３者によって構成される」としている。すなわち，彼は，コミュニティケアを直接的・具体的な援助活動として位置づけ，組織化活動，予防的社会福祉等の活動は，福祉コミュニティという土台の上に展開されうるものであり，その基盤となる住民の主体的参加による福祉コミュニティの形成が不可欠であると提議している。

こうした理念は，従来，社協活動を支えてきた地域組織化の理論を一歩すすめたものであり，新しい「地域福祉」の概念を打ち立てるものであった。この地域福祉論は1980年代には，さまざまな研究者の理論が出揃い，その後の福祉改革等の議論を経て，1990年以降の在宅福祉への転換の契機となった。

在宅福祉サービスの展開期（1970～1980年代）

1973（昭和48）年は，わが国においても，いよいよ新しい地域福祉論にもとづいた，コミュニティケアが始まる年として，「福祉元年」と唱えられた。しかし，同年に起こった第一次オイルショックによって，福祉見直し，福祉削減への転換が余儀なくされた。福祉削減への転換は，日本の中曽根政権による「臨調行革路線」のみならず，アメリカのレーガン政権による「国防強化・福祉削減」，イギリスのサッチャー政権による「小さな政府」など，世界同時進行となった。こうした財政的理由から始まった福祉の見直しは，新しい福祉モデルの模索のなかで，もう一度，従来の施設中心の福祉から，在宅福祉へと押しすすめることになる。

1979（昭和54）年，全社協は，ホームヘルプサービスなどの具体的な在宅福祉サービスを展開していくなかで，在宅福祉サービスのあり方に関する研究委員会から，『在宅福祉サービスの戦略』を刊行した。これは，日本版のコミュニティケアの創生をめざすもので，地域福祉の概念のなかに在宅福祉サービスを位置づけ，さまざまな福祉ニーズを，在宅処遇を中心に展開できるよう，福

祉の供給体制を再編成しようとするものであった。その内容としては，①在宅福祉サービスは，予防的福祉サービス，専門的ケアサービス，福祉増進サービスから成り立っており，②環境改善サービスは，物的条件と制度的条件の改善を含み，③組織化活動は，地域組織化と福祉組織化という2つの側面をもつとしている。

また，このなかで社協は，「在宅福祉サービスの供給システムにおける民間の中核として位置づけられ，直接サービスの供給の相当部分を担当する役割においても期待される」とされ，在宅福祉サービスの企画や組織化と同時に，直接的にサービス事業の実施にあたる方向性も示されている。(4)

社協の基盤強化と市町村社協の法制化（1980年代）

『在宅福祉サービスの戦略』のなかで示された，在宅福祉サービスの企画や組織化と同時に，直接的にサービス事業の実施にあたるという考え方は，先の「社会福祉協議会基本要項」に示されていた，「住民に対する直接的サービスを行うことを原則としてさけるべきである」とする従来からの社協の地域組織化の概念を打ち破るものであった。

また，1982（昭和57）年，全社協が策定した「社協基盤強化の指針」は，地域組織化の目標を，福祉コミュニティの形成におき，福祉のネットワークづくり，在宅福祉サービスの企画・実施など，社協が地域福祉の中心的役割を担うための社協基盤強化の指針を示し，地域福祉における社協の新しい方向性を打ち出していった。

このように，地域福祉が実体化していくなかで，福祉関係者による長年の働きかけにより，市町村社協の地域での果たすべき役割が明確になり，1983（昭和58）年には社会福祉事業法が改正され，市町村社協の法制化をみたのである。

長寿社会対策大綱と在宅福祉サービスの実体化（1980年代）

政府は，一連の行政改革と福祉改革の流れのなかで，厚生省と労働省の連名で，1988（昭和63）年，「長寿・福祉社会を実現するための施策の基本的な考え

第 6 章 地域福祉と社会福祉協議会

方と目標について」を発表した。ここには，2000（平成12）年までの福祉改革の目標を数値目標として掲げており，老人ホームなどの施設緊急整備とともに，在宅 3 本柱（ショートステイ 5 万床，ホームヘルパー 5 万人，デイサービスセンター 1 万か所）の整備があげられている。これにより，地域福祉における在宅福祉サービスの役割が鮮明になり，ホームヘルプサービス，デイサービスなどの長年社協が培ってきた在宅福祉サービスが，制度的に実体化し，在宅福祉を支える柱として実質性をもつにいたったのである。

福祉関係八法改正と「新・社会福祉協議会基本要項」（1990年代）

1990（平成 2）年に行われた，福祉関係八法改正は，戦後の社会福祉制度や理念のコペルニクス的転回であるといわれている。その内容は，今後の社会福祉の方向は，地域福祉の展開を目標として，①機関委任事務から団体委任事務へ，②「在宅福祉サービス」を法的に明記，③福祉サービスの選択と利用，④社会福祉行政の計画的推進等が，社会福祉事業法の改正として盛り込まれている。

全社協は，こうした国の流れを受けて，従来の「社会福祉協議会基本要項」の見直しを行い，1992（平成 4）年，「新・社会福祉協議会基本要項」を定め，市町村を中心とし，在宅福祉サービスを軸とした，地域福祉時代の実現をめざすことになる。新基本要項でいう社協の性格・活動原則・機能については，第 1 節で述べたとおりである。

その後，全社協は，「新・社会福祉協議会基本要項」の方向性を具体化するため，1993（平成 5）年に「ふれあいネットワークプラン21」を策定し，各市町村社協の発展・強化の指針とした。これにもとづき全国の約 6 割の市区町村社協が，21世紀を展望する「社会福祉協議会発展・強化計画」を策定し，計画的な社協活動の強化を図ることとなった。

ふれあいのまちづくりと事業型社協（1990年代以降）

1991（平成 3）年以降，市区町村社協は，国庫補助事業である「ふれあいの

まちづくり」事業に取り組み始める。この事業は基本的には5年間のモデル事業であり、その趣旨は、「市区町村社協が実施主体となって、地域住民の参加と市区町村や福祉施設などの関係機関との連携のもと、地域に即した創意と工夫により具体的な課題に対応するとともに、住民相互の助け合いや交流の輪を広げ、ともに支えあう地域社会づくりに寄与することを目的に」事業が実施されることであった。事業実施にあたっては、次の6項目が事業の柱として示されている。

①地域福祉活動コーディネーターの配置、②ふれあいのまちづくり推進委員会の設置、③総合相談等を行う、ふれあいセンターの設置、④地域生活支援事業、⑤住民参加による地域福祉事業、⑥福祉施設協働事業、である。

ふれあいのまちづくり事業は、長年にわたって模索されてきた、日本版コミュニティケアの試行でもあった。それはケアマネジメントでみられるような個人へのアプローチと共に、住民、社会資源、環境など、地域（コミュニティ）からのアプローチの統合化を図ったものであり、「コミュニティ・ソーシャルワーク」の構築をめざすものであった。

また同時に、ふれあいのまちづくり事業の実施は、社協の従来の姿を大きく変容させるものであった。すなわち、「社協本来の姿は地域組織化をめざすことである」という概念を打ち破り、社協は必要ならば個人をも対象とした、具体的な在宅サービスを企画・実施するという、いわゆる「事業型社協」志向という方向性を生み出していった。この方向性は、市区町村社協が、行政の委託事業であるデイサービスやホームヘルプサービスなどへの積極的取り組みを促し、社協の事業体としての強化を図るとともに、2000（平成12）年度からは、介護保険事業への参入とつながっていった。

基礎構造改革と社会福祉法の制定（1990年代後半〜2000年）

1998（平成10）年、中央社会福祉審議会・社会福祉基礎構造改革分科会は、「社会福祉基礎構造改革について」を公表した。ここには、21世紀の地域福祉の構築に向けて、改革の方向性が明らかにされている。改革の理念としては、

①サービス利用者と提供者の対等な関係の確立，②利用者の多様な需要への地域での総合的な支援，③利用者の幅広い需要に応える多様な主体の参入などがあげられる。そして，住民の積極的な参加による福祉文化の創造をめざすものとされている。また，地域福祉の推進にあたっては，地域福祉計画の策定，地域福祉権利擁護事業，苦情解決の制度などの導入が示されている。

この提言書を受けて，2000（平成12）年，「社会福祉法」（「社会福祉増進のための社会福祉事業法等の一部を改正する等の法律」）が施行された。

社会福祉法第1条の（目的）には，「福祉サービスの利用者の利益の保護及び地域における社会福祉（以下「地域福祉」という）の推進を図る」と記されている。これは，戦後50年間の福祉が，憲法第25条の「健康で文化的な最低限度の生活を営む権利」を保障しようとする福祉であったのに対し，憲法第13条の個人の尊重と公共の福祉（生命，自由及び幸福追求権）をめざす福祉への方向性を示唆するものでもある。そのことは，第3条の（福祉サービスの基本理念）でも，「福祉サービスは，個人の尊厳の保持を旨とし，その内容は，福祉サービスの利用者が心身ともに健やかに育成され，又はその有する能力に応じ自立した日常生活を営むことができるように支援するものとして，良質かつ適切なものでなければならない」と記されている。

また，第4条の（地域福祉の推進）では，「地域住民，社会福祉を目的とする事業を経営する者及び社会福祉に関する活動を行う者は，相互に協力し，福祉サービスを必要とする地域住民が地域社会を構成する一員として日常生活を営み，社会，経済，文化その他あらゆる分野の活動に参加する機会が与えられるように，地域福祉の推進に努めなければならない」とし，約40年の歴史をもつ「地域福祉」という言葉が，正式に法律に明記された。同時に，地域福祉を支える役割を，地域住民，福祉事業の経営者，そしてボランティア・NPOなどの活動を行う者にも求めており，地域住民の主体的な参加が，地域福祉推進の重要なポイントであることが理解できる。

また，社会福祉協議会に関する規定は，社会福祉法第109条には市区町村社協が，第110条には都道府県社協，そして第112条には全社協に関して書かれて

いる。

　また，今回の法改正によって，これからの社協活動の目的や方向性が，新たに法文に盛り込まれた。第一に，第109条には，社協の目的を「地域福祉の推進を図ることを目的とする団体」として明記されており，第二に，社協の構成員に関しては，「社会福祉を目的とする事業を経営する者及び社会福祉に関する活動を行う者が参加し」とされ，従来の構成員に加え，ボランティアなどを含めた住民の幅広い参加をうたっている。また，第三には，社会福祉を目的とする事業の企画・実施が明記され，今後，社協が21世紀の地域社会において，新たなコミュニティ・ソーシャルワークをすすめるうえでの法的整備が整えられたことになる。

3　社会福祉協議会の事業と課題

社会福祉協議会の現状

　2001（平成13）年4月現在，市区町村社会福祉協議会は，3368か所に設置されており，その職員数は，都道府県社協，全国社協を加えると，10万人を超えている。そして，その会計規模も，2002（平成12）年度決算では，1社協あたり平均1億7千万円と，ここ7年間で約3倍に増加しており[5]，それは行政からの委託事業の実施，介護保険事業への参入という事業規模の拡大によるものであるが，同時に，事業規模の拡大は，社協の社会的責任の高まりをも意味する。

　社会福祉協議会は，元来その特質として，さまざまな地域からの福祉ニーズに対応して，新たな在宅福祉サービスを開発し，制度化あるいは事業化して地域福祉をすすめてきている。そこで次に，社協が現在取り組んでいる中心的な事業の内容と，その課題について整理してみたい。

社会福祉協議会の事業とその課題

　① ふれあいのまちづくり事業

　1991（平成3）年度から始まったふれあいのまちづくり事業は，2001年度ま

での間に712か所の社協が指定を受け，事業を実施している。この事業は，社協が従来唱えてきた，住民主体による地域福祉の推進，福祉コミュニティの形成を大きく前進させるものであった。なかでも，ふれあい福祉センターの設置は，福祉ニーズの早期発見や相談活動にとどまらず，必要ならば，そのニーズに応えるべくさまざまなサービスや支援策を開発し，ニーズに具体的に対応しようとするものであり，それを「総合相談」と呼んでいる。こうした事業の展開は，相談件数の顕著な増加と同時に，「事業型社協」という概念を生み出していった。

また，次に述べる「小地域福祉ネットワーク活動」や，「ふれあいミニサロン」などの住民による助け合いのしくみも，この事業をとおして実体化，制度化へとつながっていった。

② 小地域福祉ネットワーク活動

小地域福祉ネットワーク活動は，社協活動の根幹をなすものとして，社協がはじまって以来，各地の社協で取り組まれてきた。とくに，1991年度より開始した，ふれあいのまちづくり事業においては，小地域福祉ネットワーク活動が事業の重要な柱として位置づけられた。

小地域福祉ネットワーク活動とは，お互いに顔の見える範囲である小地域を単位として，要援護者一人ひとりを対象として，近隣の人々が見守り活動や援助活動を行うというものである。

活動にあたっては，広く住民の参加を得ながら，地区社協役員，民生委員・児童委員，福祉委員，自治会・町内会役員などが調整役となって，必要に応じて医師等の専門家の協力も得ながらすすめていくものである。

小地域福祉ネットワーク活動の機能としては，「ニーズ発見システム」と「小地域たすけあいシステム」の2つの機能をあわせもっている。

(1) 「ニーズ発見システム」

ニーズ発見システムとは，あらかじめ見守りが必要な人を選び，その人を中心にした近隣の人々によるチームを編成し，見守りや声かけ活動により，ニーズの早期発見を図ろうというものである。

(2) 「小地域たすけあいシステム」

　小地域たすけあいシステムとは，援助が必要な人のために，近隣の人々がチームをつくり，外出援助，身辺介助，友愛訪問，家事援助，入浴介助等のサービスや，緊急時の対応を行うというものである。

　社協活動実態調査によると，2002年度では，全国の2012か所の社協において小地域福祉ネットワーク活動が実施されている。その対象をみると重複回答であるが，ひとり暮らし高齢者（1074社協），寝たきり高齢者（886社協），高齢者夫婦世帯（1464社協）となっている。こうした，住民の手作りによる相互助け合いのシステムは，介護保険制度などの公的な福祉サービスとは異なった，柔軟なサービスを迅速に提供するインフォーマルなサービスであり，同時にそれは，失いつつある地域の「福祉機能」を回復する，重要な手だてともなっている。

③ 「ふれあい・いきいきサロン」活動

　ふれあい・いきいきサロンは，全社協の定義によれば，「地域を拠点に，住民である当事者とボランティアとが協働で企画をし，内容を決め，共に運営していく楽しい仲間づくり活動」とされている。趣旨としては，ひとり暮らし等で，閉じこもりがちになる高齢者などが，気軽に出かけて仲間づくりをし，一緒に食事をすること等により，地域のなかでいきいきと暮らせるようになることをめざしている。また，この活動は，高齢者だけでなく，障害者や子育て支援もめざしており，2002年度の全社協の調査によると，全国で2万か所を超えるサロンが活動している。

　サロンの立ち上げにあたっては，社協がキーパーソンの発掘やプログラムづくりなどの支援を行っているが，活動の拡大と継続のためには，地域住民，ボランティア，当事者が自主的に取り組む姿勢がポイントとなる。そこで，サロン立ち上げ後は，社協は側面からの支援を行い，住民の自主的な企画・運営にゆだねる方向性をとっている。

　現在，社協は，福祉コミュニティ形成の柱の一つとして，このふれあい・いきいきサロンを位置づけ，全国的展開を図っている。

図書館，要約・点訳サービス，グループホーム・共同作業所の経営などがある。児童へのサービスとしては，子育て支援，学童保育，不登校児のフリースクール，母子家庭・父子家庭への援助などが行われている。

また，特定非営利活動促進法（NPO法）の制定と介護保険制度の開始により，任意団体として住民参加型在宅福祉サービスを続けてきた団体が，NPO法人を取得し，介護保険指定事業者になる傾向も強まってきている。ちなみに，2001年9月現在，訪問介護事業では，1万3809か所の事業者のうち，NPO法人は459か所となっている。

社協は，住民参加型在宅福祉サービスを，福祉コミュニティの重要な構成要素として位置づけ，住民参加型在宅福祉サービスの直接的運営，あるいはキーパーソンの発見や情報提供等による間接的支援を続けている。

⑥　ボランティア活動の推進と福祉教育

社会福祉協議会とボランティアのかかわりは古く，1959年（昭和34）年，全社協が「社会福祉のボランティア育成と活動の推進のために」をまとめ，社協活動の目標の一つに，住民の社会福祉への参加促進を掲げ，ボランティアの育成と活動推進の方策を示している。

1973（昭和48）年には，現在のボランティアセンターの原型である，市区町村奉仕銀行補助事業がはじまり，続いて1975年，中央ボランティアセンターが設置され，ボランティア活動支援が始まった。

また，1977年には，中央ボランティアセンターが，全国ボランティア活動振興センターと改組されるとともに，国庫補助事業である「学童・生徒のボランティア活動普及事業」が始まった。この事業は，小・中・高校生を対象に，「社会福祉への理解と関心を高め，社会奉仕，社会連帯の精神を養う」ことを目的に，全国の小・中・高校を社会福祉協力校として順次指定するものであった。初年度，154校でスタートしたこの事業は，2001年度には，市区町村指定分も含めると1万1649校が指定校となり，「総合的な学習の時間」の実施ともあわせ，学校側からの福祉・ボランティア教育への関心の高まりをみせている。

文部科学省は，一連の教育改革のなかで，1996（平成8）年，中央教育審議

会による答申「21世紀を展望したわが国の教育の在り方について——子供に『生きる力』と『ゆとり』を」などを受けて，新学習要領が，小中学校では2002年度，高等学校では2003年度から導入されることになった。その内容は，「総合的な学習の時間」のなかで，「福祉・健康」の領域が例示されており，子どもたちの地域とのふれあいや，ボランティア体験学習の重要性が指摘されている。また，高等学校では，教科「福祉」が新設され，今まで部分的に行われていた，福祉教育，ボランティア教育が，統合的に取り組まれることとなった。

さらに，2002（平成14）年7月には，中央教育審議会答申「青少年の奉仕活動・体験活動の推進方策等について——個人の豊かな人生と新たな「公共」による社会をめざして」が出された。そこには，いじめ，校内暴力，ひきこもり，凶悪犯罪の直面する社会課題に対して，その問題を解く糸口として，「奉仕活動・体験活動」の重要性や意義が強調されている。また，「奉仕活動・体験活動」の推進方策，活動プログラムなどが詳細にまとめられており，学校と社協ボランティアセンターとの連携の必要性も唱えられている。

一方，厚生労働省においても，1990年代の福祉・行財政改革の流れのなかで，社会福祉関係八法の改正をうけ，1990（平成2）年，厚生大臣告示「国民の社会福祉に関する活動の参加の促進を図るための措置に関する基本的な指針」，つづいて，1993年，中央社会福祉審議会地域福祉分科会より「中長期的なボランティア活動振興方策」がだされ，住民やボランティアによる「参加型福祉社会」の創造を提起している。

1993（平成5）年，全社協は，「ボランティア活動推進7ヵ年プラン」を作成し，国の指針に合わせて，ボランティアコーディネーターの拡充，ボランティアアドバイザーの推進，ボランティア活動プログラムの開発等を行い，ボランティア活動参加への具体的な計画をすすめてきた。

また，1994（平成6）年には，「市区町村ボランティアセンター活動事業」「都道府県・指定都市ボランティアセンター事業」が始まり，国庫補助によるボランティアセンターの設置とネットワーク化がすすめられた。そして，2001

年3月現在では，全国の市区町村2256か所の市区町村社協にボランティアセンターが設置され，専任・兼任を併せて3196人のボランティア・コーディネーターが配置されるまでになった。

こうしたなか，ボランティア活動が深く国民に浸透する契機となったのが，1995（平成7）年の「阪神・淡路大震災」であり，その3年後には，特定非営利活動促進法（NPO法）が制定されている。2002年7月末現在，全国で7600以上のNPO法人が誕生し，福祉をはじめ，文化芸術，環境，教育，人権擁護など，さまざまな分野での活動が，国境を超えて展開されている。ボランティア・NPO等の市民活動は，今，「新たな公共性」をもった，行政，企業につづく，21世紀の市民社会を支える第三のセクターとして育ちつつあるといえよう。

これからの社協，あるいは社協のボランティアセンターは，従来のように，(1)ボランティア・コーディネート等によるボランティア活動への支援だけでなく，(2)教育現場と密着した福祉・ボランティア教育への取り組み，また，(3)さまざまな市民活動を展開するNPOやボランティア団体を，「まちづくり」に向けて，ボランティアセンターというプラットホーム（演台）の上に，どう結集し，どう支援していくかが今後の課題となるであろう。

⑦ 地域福祉計画と地域福祉活動計画

地域福祉計画は，社会福祉法のなかで，2003（平成15）年4月より，各市町村に「市町村地域福祉計画」，都道府県には「地域福祉支援計画」の策定が，努力義務として法定化された。地方自治体での福祉計画の取り組みは，福祉関係八法改正後，大きくその環境を変えている。1993（平成5）年，すべての都道府県および市町村が「老人保健福祉計画」の策定に取り組んだことは，わが国の計画的福祉行政を推進するうえで，画期的な出来事であった。そしてそれに続く，障害者福祉計画，児童育成計画，介護保険事業計画など，地方自治体における計画づくりが急速にすすめられている。

こうしたなか，今回の地域福祉計画の特徴は，法第107条にも記されているとおり，計画策定にあたっては，「あらかじめ，住民，社会福祉を目的とする

事業を経営する者その他社会福祉に関する活動を行う者の意見を反映させるために必要な措置を講ずるとともに，その内容を公表するものとする」とされ，計画策定のプロセスに地域住民やボランティアなどの社会福祉に関する活動を行う者の参加を求めていることである。地域福祉計画は行政計画であるとはいいながら，地域福祉の推進にあたっては，地域住民の主体的参加が不可欠となっている。

　一方，民間の立場から策定した福祉計画に，「地域福祉活動計画」がある。これは，社会福祉協議会が長年取り組んで来た計画であり，その歴史は古く，1962（昭和37）年に策定された「社会福祉協議会基本要項」において，地域福祉計画の策定を社協機能の一つとして位置づけている。また，1984年には，『地域福祉計画——理論と方法』を刊行し，在宅福祉サービスを展開するうえで，行政計画とは別に，民間による地域福祉計画の重要性を指摘している。そして，1989（平成元）年，東京都は「三相計画」を打ち出し，都，市町村，民間（社協）の三者によるそれぞれの計画づくりとその有機的連携による地域福祉の推進を提起した。

　その後，全国の市町村社協は，着々と地域福祉活動計画の策定に取り組み，2000年度では，1257社協が策定し，策定中が150社協，予定中が938社協となっている。策定率から見ると36％と低い数字にとどまるが，福祉計画づくりの実績とノウハウは，これからの地域福祉計画策定に活かされてくるものと思われる。

　社協が策定する地域福祉活動計画は，地域の住民やボランティア・NPO団体などによる自主的，自発的な福祉に関する活動計画であり，行動計画である。したがって，地域福祉活動計画は，地域福祉計画とは異なった独自性をもっており，同時にそれは地域福祉計画のなかで，重要な部分を占めることにもなる。

　社協は，「社会福祉法」のなかで，「地域福祉の推進を目的とする団体」と記されているが，これからの地域福祉計画の策定にあたっても，地域福祉の中核的役割を担っていかなければならない。

4 地域福祉と権利擁護

　社会福祉基礎構造改革の議論を受けて，福祉サービスが行政による措置から，利用者による選択，契約へと移行するなかで，利用者の権利を擁護するため，「福祉サービス利用援助事業」および「苦情解決」が，社会福祉法のなかに規定された。

　社会福祉法第81条には，都道府県社会福祉協議会は，「福祉サービス利用援助事業に関する普及及び啓発を行うものとする」と定められ，市区町村社協と一体となった事業の展開が求められている。福祉サービス利用援助事業は，第二種社会福祉事業として位置づけられているが，1999（平成11）年秋より全国で実施された，モデル事業「地域福祉権利擁護事業」の名称でも呼ばれている。

地域福祉権利擁護事業

　地域福祉権利擁護事業は，介護保険制度の開始に先立ち，1999（平成11）年10月，各都道府県社協を実施主体とし，広域ブロックを管轄する基幹的市区町村社協が一体となり，事業が開始された。また，事業の性格上，当事者団体や，行政，家庭裁判所，弁護士，司法書士，医師，社会福祉士等の専門家の協力を得ながら事業をすすめていくこととなった。

　事業の趣旨は，「痴呆性高齢者，精神障害者，知的障害者等判断能力が不十分な者が地域において自立した生活が送れるよう，福祉サービスの利用に関する情報提供，助言，手続きの援助，利用料の支払い等，福祉サービスの適切な利用のための一連の援助を行うものである」[6]とされている。

　サービスの内容は，以下の3つに分けることができる。

① 福祉サービス利用援助として，福祉サービスについての情報提供・相談，利用の申し込み，契約の代行・代理，利用料の支払い，苦情解決への手続きなど。

② 日常的金銭管理サービスとして，年金および福祉手当の受理，医療費や

公共料金の支払い，預貯金の出し入れなど。
③ 書類などの預かりサービスとして，年金証書，保険証書，預貯金通帳，印鑑，権利書等の保管を，貸し金庫利用と組み合わせて援助している。
（以下，図6-1を参照）

サービスの実施にあたっては，都道府県社協に，事業全般の指導・調整にあたる「専門員」，また，基幹的市区町村社協には「専門員」と，直接サービスにあたる「生活支援員」が配置されている。基幹的社協の専門員は，本人の意向を確認しつつ，援助の内容，実施頻度等を記入した「支援計画」を作成する。その際，本人の意思能力等，本事業の対象者の要件に該当するか否かは，「契約締結判定ガイドライン」にもとづくこととしている。また，生活支援員は，専門員が作成した支援計画にそってサービスを実施している。ただし，生活指導員は，ボランティアであっても，社協職員身分として位置づけをし，事業の責任体制を担保している。また，利用者は，契約により各都道府県が定める利用料を支払い，サービスを受けることになる。

一方，都道府県社協には，適切な契約を促すため「契約締結委員会」が設置され，契約の適否や，支援計画の内容等について審査を行っている。また，公正な事業運営のため，社協からは独立した機関として，行政・家族関係者・弁護士・学識経験者等の第三者からなる「運営適正化委員会」を設置し，事業全体の監視・提言等を行うことになっている。

なお，契約締結能力が困難であると判断された利用者には，1999（平成11）年度より施行された民法上の「成年後見制度」を活用し，障害の度合いに応じて，後見人，補佐人，補助人をたてることにより，財産管理などを行うことにしている。

2002（平成14）年3月現在の利用者は4143人と発表され，事業開始以来，2年半の契約件数は，5300件を超えており，利用料の適正化，入院・施設入所者に対するサービス実施の適否，また，2003年度から開始される障害者福祉サービスの「支援費支給制度」への対応など，さまざまな課題を残しつつも，事業は地域に浸透しつつある。

第 6 章 地域福祉と社会福祉協議会

図 6-1 地域福祉権利擁護事業の実施方法の例（社会福祉協議会が実施する場合）

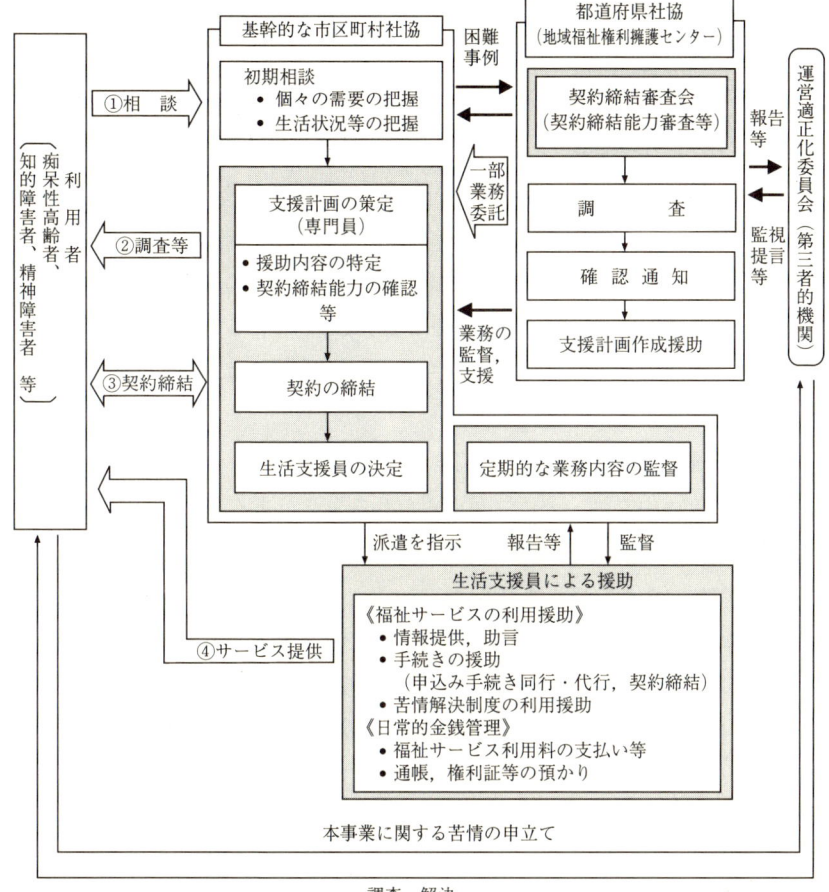

（出所）野上文夫・渡辺武男・小田兼三・塚口伍喜夫編『新版 地域福祉論』相川書房，2000年，107頁。

福祉サービスに関する苦情解決

社会福祉法第83条には，「福祉サービス利用援助事業の適切な運営を確保するとともに，福祉サービスに関する利用者等からの苦情を適切に解決するため，都道府県社会福祉協議会に，〔中略〕運営適正化委員会を置く」ことが定められた。

したがって，運営適正化委員会は，地域福祉権利擁護事業の適正化を確保するための助言や勧告とともに，福祉サービスの利用者からの苦情に対し適切な解決にあたるという2つの側面をもつことになる。

　福祉サービスに関する苦情解決については，第一義的には，利用者と事業者間で解決すべきものであり，社会福祉施設の最低基準には，苦情への対応が盛り込まれ，外部の委員からなる第三者委員会の設置等が規定されている。しかし，こうした第三者委員会においても解決困難な事例に関しては，都道府県社会福祉協議会に設置された運営適正化委員会で問題解決にあたることになる。さらに，運営適正化委員会には調査権限を与えられているが，その調査の段階で，虐待等の利用者への不当な処遇や行為を認めた場合は，都道府県知事に通告することになっている。

　地域福祉権利擁護事業および苦情解決のしくみは，サービス利用者の立場に立った，高度の中立性・公正性が求められる事業である。こうした事業が，「地域福祉新時代」にあって，社協に次々に設置されるようになったのは，社協のもつ特質である，公共性への期待でもあるといえよう。しかし同時に，社協は，介護保険制度下においては，介護サービスを提供する側の一事業者でもある。この利益相反という状況のなかで，今後，社協は，住民主体の理念に立脚しながら，住民からの信頼を得るため，中立性・公正性への努力が求められるであろう。

引用文献
(1) 全国社会福祉協議会・地域福祉部『新・社会福祉協議会基本要項』全国社会福祉協議会，1992年。
(2) 福祉士養成講座編集委員会『地域福祉論』中央法規出版，2001年。
(3) 岡村重夫『地域福祉論』光生館，1974年。
(4) 「新版・社会福祉学習双書」編集委員会編『社会福祉協議会活動論』全国社会福祉協議会，2001年。
(5) 全国社会福祉協議会・地域福祉部『平成14年度 都道府県・指定都市社会福祉協議会地域福祉推進担当部・課・所長会議 基調報告・各部関連資料』全国社会福祉

協議会，2002年。
(6) 厚生労働省社会・援護局長通知「地域福祉推進事業の実施について（抄）」（平成13年8月10日，社援発第1391号）。

読者のための推せん図書
岡村重夫著『地域福祉論』光生館，1988年。
　　——著者は，社会福祉の概念を保健・医療とは区別し，コミュニティの重要性を指摘した独自の「岡村理論」を展開している。わが国の地域福祉論の基本的考え方を学ぶことができる。
住宅福祉サービスのあり方に関する研究会編『在宅福祉サービスの戦略』全国社会福祉協議会，1979年。
　　——社会福祉協議会が，地域の組織化を目指した段階から，具体的福祉サービスの企画と運営を目指す，いわゆる事業型社協への転換を示した著書。住宅福祉サービスや地域福祉の概念が整理されている。
地域福祉計画研究小委員会『地域福祉計画——方法と理論』全国社会福祉協議会，1984年。
　　——地域福祉推進の中核的役割を担う社協が，住民主体の原則にたって，公私共同による福祉計画を進めるうえでの，方法と理論を明らかにしたもの。今日の「地域福祉計画」策定の基礎となっている。

第7章

地域福祉のマンパワー

　多元化した今日の福祉問題に積極的に対応するためには，制度が決定する福祉サービスの提供だけではなく，専門家としての対応，ボランタリーな活動，非専門家，さらに当事者や関係者をはじめ地域住民による具体的な福祉実践が必要になってくる。

　本章では，専門職について整理し，専門職がどんな現場で働いて，どのような仕事をしているか。また，非専門職といわれる人はどのような働きかけで何をしているのか。今日的状況をふまえ概観する。このことは，元来住民の安らぎや，体力の回復など生活を基本的に支える場を政府がどのようにとらえようとしているのか，検証することにもつながる。

　地域福祉と住民では，住民参加の推進力となっている介護保険制度，社会福祉法，NPOの3つの視点からマンパワーの働きをみる。そして，最後に制度でみる住民参加によって地域福祉のあり方を示し，ボランティア等の地域介入をとりあげ，地域福祉の方向を探る。

1　地域福祉と専門職

福祉専門職の考え方

　社会福祉において専門性が明らかにされ，資格や教育が確立することは重要なことである。しかし，専門職のとらえ方は一定でなく，多様な見解が存在し確立を阻んでいる。ここでは，介護サービスの提供が行政処分から契約主義に

転換した福祉の方向から，契約によりサービス利用者がサービス提供者に求める業務上の責任によって専門職をみていくことにする。

弥永真生は，専門家を専門家責任の中でとらえて説明している。「専門家の責任が問題となるのは，専門家の特徴，専門家と依頼人との関係，専門家の社会における役割に鑑みて，単なるサービスの提供者とは違う義務を負担し，責任を負う」と指摘し，大きく4点に特徴づけている。

① 専門家は社会的に公認された資格をもち，多くの場合，名称独占，業務独占が規定されている。
② 仕事の性質は高度で専門的であることから，利用者（依頼者）と専門家の間に知識経験の点で大きな較差があり，依頼者が細目にわたって提供されるサービス内容を指示することはできない。
③ 専門家の報酬は比較的高額であり，その社会的地位も高いのが通常である。
④ 職業的倫理の要求と専門家団体による自主的な規律が問われる[1]。

以上の4点は専門家と利用者の関係より，専門家と一般市民（利用者）の知識と経験の乖離から責任をとらえている。

社会福祉現場では，①の公認された資格として社会福祉主事（任用資格），児童福祉司等多数上げることができるが，名称独占，業務独占の両者を満たす資格はなく，名称独占で「社会福祉士，介護福祉士，精神保健福祉士，保育士」の4資格のみである。

②の仕事の対象は対人援助を内容とするため，専門職には高度の知識と技術が期待される。しかし，現実は福祉サービスを業種独占とすることは困難である。ここに社会福祉の専門職定着の難しさがある。

③の社会福祉職の報酬は，「福祉人材確保法」による改正によって創設された社会福祉法第89条によって，ようやく処遇の改善を明記された状態である。

④については職能団体として社会福祉士会，介護福祉士会ともに法人化され，前者は資格取得後の生涯研修制度，専門分野別研修課程等を設け，積極的に時代対応を行っている。こうしてみると，専門職としてなじみにくい部分もある

が，社会福祉士の開業等もあり専門職の社会的承認は広がっている。

サービス提供者に問われる債務不履行責任は，援助が具体的な介護の場面でここ数年みられるようになった。その一例は，介助者がタクシーを呼びに行った間に転倒し，大腿骨頭部を骨折し，サービス提供者と直接介護者を提訴したケースである。結果は介護事業者，直接介護者の双方に賠償が請求され，「安全配慮義務」を怠った結果，事故が起こったものと指摘を受ける。

専門職としての社会福祉の確立がなぜ必要かといえば，それはまず第一にその対象となる人々の立場に立った福祉サービスを十分に果たすためである。第二には，福祉労働者の権利保障である。

資格と経過

わが国の資格制度は多岐に渡るが，概要は次のような展開となる。1947（昭和22）年の児童福祉法公布第11条の2，児童福祉司に始まり，翌年には児童福祉法施行令によって保母資格（1999年より保育士）が規定された。つづいて，身体障害者福祉司が1949年，社会福祉主事が1952年に制度化され，60年代の社会福祉立法の登場により，精神薄弱者福祉司（現在の知的障害者福祉司），老人指導福祉主事など新たな職種が定められている。なお地方自治体による試験制度をともなう公的な資格は保母のみであった。民間資格としては，全国社会福祉協議会の「福祉施設士」「福祉寮母」「地域福祉活動指導員」などがあげられる。1988（昭和63）年には，「社会福祉士及び介護福祉士法」が施行され，1989（平成元）年から，社会福祉領域で初めての国家試験が開始される。また同年には，厚生大臣（当時）の認定する法人によって「手話通訳士」試験が開始されている。さらに，精神障害者のための精神保健福祉士が1997（平成9）年に国家資格となった。

地域福祉

地域福祉の推進を図ることを目的とする専門職としては，全国段階では企画指導員，都道府県段階で福祉活動指導員，市町村段階は福祉活動専門員が社会

第7章 地域福祉のマンパワー

福祉協議会に配置されるようになっている。その他,行政委嘱では民生委員(児童委員を兼務),保護司,知的障害者相談員,身体障害者相談員等がそれぞれの分野で相談等関係行政機関に協力をしている。

わが国における社会福祉の関係職種を先の弥永真生の専門職4点から推し量ると,専門家と利用者の知識の較差および報酬の点などの改善が課題となるであろう。福祉職が専門職であるためには,現在の社会福祉士,精神保健福祉士,介護福祉士,保育士のように国家資格(保育士のみ厚生労働大臣の定める基準によって都道府県知事が試験を実施する)をベースに,各分野の専門研修,臨床現場を経て業務を担当することが期待される。以上の職種のスタッフはそれぞれ「表」の機関に属している。

マンパワー対策

高齢化にともなう緊急のマンパワー対策は,1989(平成元)年の高齢者保健福祉推進十か年戦略(ゴールドプラン)の実施や1990年の福祉八法改正により,福祉サービス提供の体制づくりを進めてきた。具体的な対策は,中央社会福祉審議会などによってまとめられ,「福祉の担い手の養成」として福祉を実際に担う人々の質・量両面にわたる拡充・整備が重要であることが指摘された。これを受け福祉人材確保法(社会福祉事業法及び社会福祉施設退職手当共済法の一部を改正する法律)が1992年に成立し,人材確保のための基本指針の策定,福祉人材センター及び福利厚生センター設置などが規定された。なお,社会福祉施設職員退職手当共済法の改正により,ホームヘルパーへの退職手当の支給が規定されヘルパーの身分安定を図っている。

福祉人材バンクでは,福祉人材センターの支所として社会福祉事業に関する啓発,従事者確保関する調査研究,事業経営者に対する相談援助,従事者研修,就業援助が行われている。福祉人材バンクは,福祉マンパワー確保の推進を図ることを目的とし就労促進,広報などを実施している。ともに,福祉労働の登録,求職情報を得ることができる唯一の情報基点でもある。

以上はマンパワー対策の現況である。以下では,身近なところでのマンパ

ワーを機関を通してみていくことにする。

専門職マンパワー

わが国の社会福祉専門職は法律で規定されている4資格と介護支援専門員を除き、そのほとんどが行政職にあって、通用するものである。行政職であることは、一定の試験（公務員試験）を合格していること、公務員として守秘義務を負うこと、専門的業務にあたる者は、該当講習の修了、あるいは大学等の履修単位による任用資格等をもつこと等が広義の専門職呼称の妥当性としてあげられる。ここでは社会福祉六法上の実施機関で、住民に身近な現業機関の職種表を参考にマンパワーをとりあげる。

① 福祉事務所（社会福祉法第14条：表7-1の③）

1990（平成2）年に老人福祉法、身体障害者福祉法に定める施設入所措置権が都道府県知事から市町村に移管されたことから、県設置の福祉事務所の扱う業務は福祉四法体制になっている。

2000年10月1日現在、福祉事務所の総数は1200か所で、職員数は全体で5万8971人である。所員の定数は、条例で定める事とされ、都道府県、市町村によってその標準が示されている。

所員の構成は、所長以下表7-1に示すとおりである。なお現業員は社会福祉主事でなければならないと規定されている。社会福祉主事は一定の訓練を受けた有給職員によって担われるべきという考えから、1950（昭和25）年に制度化され、福祉三法を所掌する専門技術をもった有給専任職員としての社会福祉主事が都道府県、市町村に配属された。社会福祉主事資格は社会福祉士、精神保健士の国家資格を有する者にも任用資格が与えられる。その他の職種においては次のとおりである。

　(1) 身体障害者福祉司　　福祉事務所、身体障害者更生相談所に配置される。身体障害者更生援護施設への入所・利用にかかわる市町村間の連絡調整、情報の提供等を業務とする。

　(2) 知的障害者福祉司　　都道府県必置、市および福祉所を設置する市町

表7-1 社会福祉職員の職種

①社会福祉施設の職員
施設長，生活指導員，児童指導員，児童自立支援専門員，寮母，保育士，児童生活支援専門員，職業指導員，心理判定員，職能判定員，医師，保健師，助産師，看護師，理学療法士，作業療法士，栄養士，調理員，事務員等
②訪問介護員（ホームヘルパー）
③福祉事務所の職員
所長，査察指導員，身体障害者福祉司，知的障害者福祉司，老人福祉指導主事，家庭児童福祉主事，現業員，面接相談員，家庭相談員，嘱託医，事務職員等
④児童相談所，身体障害者更生相談所，婦人相談所，知的障害者更生相談所の職員
所長，児童福祉司，相談員，心理判定員，職能判定員，児童指導員，保育士，ケースワーカー，医師，保健師，看護師，事務職員等
⑤各種相談員
身体障害者相談員，婦人相談員，知的障害者相談員，母子相談員
⑥社会福祉協議会の職員
企画指導員（全国），福祉活動指導員（都道府県・指定都市），福祉活動専門員（市町村）

(出所) 厚生統計協会編『国民の福祉の動向（2001年版）』厚生統計協会，2001年より作成。

　　　　村とは任意でおかれる。福祉事務所長からの技術的援助・助言への協力，専門的技術，所員の技術指導等を業務とする。
　(3)　老人福祉指導主事　　福祉事務所に配置される。老人福祉を担当する社会福祉主事のこと。現業員を指導監督する。老人福祉に関するの実情調査把握，相談，調査，老人の入所措置を業務とする
②　児童相談所（児童福祉法第15条，第59条の4：表7-1の④)
児童の福祉に関する各種の相談，調査，診断，判定および措置等。所員の構成は，所長のほか，児童福祉司，心理判定員，医師，児童指導員，保育士。
　(1)　児童福祉司　　児童の保護，その他の児童の福祉に関する事項についての相談，児童の福祉増進につとめる
　(2)　保育士　　保育所，乳児院，児童養護施設等の児童福祉施設において18歳未満児童の保育に従事
　(3)　心理判定員　　心理学的な診断，援助業務に従事。
③　保健所（児童福祉法第18条の3等：表7-1の③)

地域の保健活動の中心で，管理的な役割と実践機能をもっている。所員の構成は医師，薬剤師，獣医師，保健師，助産師，看護師，放射線技師，栄養士，統計技術者等医療職が中心である。

非専門職マンパワー

非専門職マンパワーは，専門職マンパワー以外を指すことから，範囲の規程は専門職の規定によることになる。地域福祉は「地域を基盤とした行政ネットワークと，住民の福祉への主体的参加の統合において成立する」(阿部志郎)ゆえに非専門職の広がりは重要となる。とくに住民活動，当事者活動が地域に重層的に広がりをもつことによって，安心して住まうことができるかどうかを決める因子でもある。ここでは主となるマンパワーを取り上げる。なお，地域の福祉向上を目的とした福祉活動組織体としての社会福祉協議会は，第6章で詳述しているので参考にしてほしい。

① 委嘱委員(民生委員・児童委員・福祉委員)

民生委員・児童委員は厚生労働大臣の委嘱で，任期3年となっている。住民の生活状態把握，自立への生活相談・助言援助，福祉サービス情報の提供など住民の福祉の推進を図ることを職務とし，関係機関の業務に協力をする。最近では，ひとり暮らし高齢者への友愛訪問，安否確認のための訪問などが著しく増える傾向にある。

福祉委員は，小地域における福祉活動の推進役として社会福祉協議会が委嘱するもので，地域によっては，学校「校区福祉委員」「福祉員」「福祉推進委員」などの名称で呼んでいるところがある。具体的活動としては市町村・区社協の活動への参加・協力，住民ニーズの発見や連絡，友愛訪問，ひとり暮らし高齢者の見守りなどがあげられ，問題発見の場合は民生委員，社会福祉協議会，関係機関に連絡をすることになっている。

② 生協マンパワー

消費生活共同組合(以下，生協)は消費者生活共同組合法にもとづいて運営される。地域の消費者が出資し，組合員の資格をえる。生協の運動は活発で多

岐にわたっている。安価で安全な商品を分かち合う活動，廃品の再利用活動，福祉文化活動，組合員による互助的なボランティア活動から福祉施設創設と運営，その他多数の活動が展開されている。なかでも助け合い運動による家事援助活動をみると，1990（平成2）年で会員数4458人が2000（平成12）年では6万611人の約14倍の増員である。年間活動時間は6万1638時間の18倍に増えている（日本生活共同組合連合会による調査報告）。生協の活動は自発的福祉サービスに基盤をおき，福祉施設等の公的福祉サービス，市場福祉サービスと地域福祉の一翼を担っている。

③　農協マンパワー

農協は1947（昭和22）年成立の農協法に規定された組織で，1992（平成4）年には新たに高齢者の福祉に関する施設が事業として規定された。農協の活動は地域による格差もあるが，健康管理活動・医療活動が活発な地域があり，高齢社会に対応した農協高齢者福祉活動は注目すべき成果をあげている。また，同年の改正では「老人の福祉に関する施設」が規定された。地域によって，その活動に差異はあるが，地域に密着した今後の活動が期待できる。

④　企業マンパワー

企業による社会愛貢献事業（フィランソロピー）は一時注目されただけで後退したが，2002（平成14）年，ＩＳＯ委員会により欧米を中心として，国際的に取り上げる動きがあり，真に根付くことが期待される。フィランソロピーとは，企業が本来の営利活動を離れ，社会の構成員として，福祉活動などの社会活動を行うことである。

社会福祉サービス利用支援マンパワー

社会福祉サービスを利用する場合，利用者側の問題として判断能力が十分でなく，自己決定の困難な人に，選択権をどう保障するかが課題として残る。高齢者の判断能力が不十分になった場合，福祉サービスを利用しようと思っても手続きに行けなくなった場合，利用者の立場にたって福祉サービスの利用援助を行うしくみが必要である。

地域福祉権利擁護事業は，福祉サービス利用援助事業が名称変更され，痴呆性高齢者，知的障害者，精神障害者など判断能力不十分な人が地域において自立した生活が送れるように，福祉サービス等の利用援助，日常金銭管理サービス，書類等の預かりサービスを事業としている。

　成年後見制度は，旧民法による禁治産，準禁治産制度を改めたものである。従来禁治産，準禁治産は家の財産を守るという側面が強い制度であったが，成年後見制度は個人の権利保護の側面が重視されるようになっている。

　介護保険制度におけるサービスの利用は，利用者が事業者と個別契約を行うことになり，入所契約時にサービス提供に必要な個人情報を，事業者に提供するという考え方に変わっている。

　介護事業において，介護支援専門員は要介護者にとって，ニーズと社会資源を調整する機能と役割を担っている。これらの制度は調整機能を促進することに役立つ制度である。

2 地域福祉と地域住民

制度でみる住民参加と地域福祉

　地域福祉は住民の基本的生活を支える場である。地域福祉にとって大事なことは，日常的に安心した生活を送ることのできる社会資源の確保とコミュニティづくり，行政への参加が保障され，住民の声が反映されることである。ここでは，社会福祉の根幹となる有効な制度を紹介し，地域住民が地域福祉への参加をどう行うか，その手がかりをみることにする。

　まず，社会福祉施策の根幹となった社会福祉構造改革と組織法としての社会福祉法より，住民参加のあり方を取り上げる。

　1998（平成10）年6月17日に中間のまとめ，同年12月に追加意見を公表し，社会福祉基礎構造改革の理念，改革の基本的方向，改革すべき地域福祉について具体的な内容を示している。中間のまとめには，これからの社会福祉理念は，国民全体を対象に社会連帯のもとでの支援を行うことを示し，「個人が人とし

第7章 地域福祉のマンパワー

ての尊厳をもって，家庭や地域の中で，障害の有無年齢にかかわらず，その人らしい安心のある生活が送れるよう自立を支援すること」としている。これは社会福祉制度全体が国民全体の社会的な自立支援をめざすとするものである。その他，改革の理念には「地域での総合的な支援」を掲げ多様な主体の参入を促進している。追加意見では，「地域福祉の充実」の中に地域福祉計画による住民本位のまちづくり，住民参画と民生委員・児童委員制度の見直しを示すとともに，地域住民の参画の視点があげられ，上記諸報告等を踏まえ，2000（平成12）年に「社会福祉法」が成立した。

社会福祉法では第1条「法の目的」に「地域における社会福祉」の推進を掲げ，その第10章にはあらたに「地域福祉の推進」が設けられ地域福祉計画，社会福祉協議会，共同募金の3つの節から展開されるように規定している。（第10章で詳述されるように）地域福祉計画は地域福祉の推進に自主的かつ積極的に取り組む有力な手段として法定化されたものである。

社会福祉法は社会福祉を運用するための組織法であるが，本法に「地域福祉の推進」を掲げたことはとても意義の深いことであり，法律の中で「地域福祉」が明記されたのも初めてのことである。法第4条は，地域福祉推進の主体に，地域住民，事業および社会福祉に関する活動（ボランティア等）を行う者の三者をあげている。特徴は先の三者が協力して地域福祉に努めなければならないとしているが「地域住民」を努力義務の主体としていることである。次に具体的な目標を「福祉サービスを必要とする地域住民が地域社会を構成する一員として日常生活を営み，社会，経済，文化その他あらゆる分野の活動に参加する機会が与えられるように」するとし，ノーマライゼーションの実現を地域福祉推進の目的としている。これからの住民参加はただ単に参加するのではなく，提案，企画，実行，評価，見直しといった多様な場面への参加が求められている。

その他の制度でみる住民参加

① 特定非営利活動促進法

　住民参加活動を進める上で，有効とされる特定非営利活動促進法（以下，ＮＰＯ法）は1998（平成10）年に成立した。非営利活動を行う組織の健全な発展の為に制定されたもので，民間によるサービス提供の門戸が開かれ，福祉関係活動への住民参加を活性化させるものだと一般的な評価をえている。

　ＮＰＯは同法に定める要件を備えた市民団体が都道府県知事に申請して設立の認証を受けることによって法人格を取得する。法人格取得には，住民活動を容易にするいくつかの点が考えられる。

　法人格をもつことによって，法律上の権利能力をもつことになり，契約も団体名義で行うことができるなど，いくつかのメリットがある。

- 介護保険のように，在宅事業を行う場合など，法人格が要件となっている場合
- 団体組織の中で，預金する場合の銀行口座名義が法人ならば，組織の代表者が異なっても預金名義変更の手続きをする必要がないなど繁雑さを避けることができる
- 会計書類を整理する必要があるため，組織の財産（金銭等）が明確になる
- 組織や事業計画の策定等に一定のルールにもとづいて，運用するために社会的信頼を得やすい
- 公益法人等とみなされ，税制上の特例がある

　これらは，組織としての目的を明確にするため，組織が何を行うところか社会的に公表することになり，社会的認知度も高まることになり，より活動しやすくなる。次に，住民参加が容易になった介護保険事業によってその状況をみることにする。

　介護保険での指定居宅サービス事業者，指定居宅介護支援事業者は，一定の要件を満たせば，都道府県知事の指定を受けることができる。その一定の要件が法人格を有することであり，ＮＰＯも指定可能である。従来の，老人福祉

サービスの提供主体は，ホームヘルプサービス等の一部の在宅サービスを除いて，行政か社会福祉法人に限られていたが，介護保険では指定要件が緩和され，法人格には営利・非営利を問わないことになり，まさに規制緩和による民活の導入といえる。

② 介護相談員派遣事業

介護相談員派遣事業は住民参加によって成り立つ事業である。事業内容は，市町村長の委嘱を受けた介護相談員が介護サービス提供の場を定期または随時に訪問し，利用者の疑問や不満にきめ細かに対応することで，苦情がでることを未然に防ぐことである。又，保険者である市町村の提言を通じて介護保険の充実を図ることを目的とする事業である。この事業の特徴は，介護保険相談員がボランティアであるということと，選任方法が市町村に委ねられていることである。このしくみは，市町村に保険改善等の提案をすることができ，市民参加の有効な場でもある。

③ 介護保険事業計画策定

厚生労働大臣の定めるの基本指針に即して3年を一期として計画される介護保険事業計画策定への参画も可能である。当初，国が定めた計画策定の基本方針の中に，住民の「意見を反映させるために必要な措置」として次の内容が示されている。

(1) 計画策定のために介護保険事業計画策定委員会を策定し，学識関係者や保健，医療，福祉の各専門家だけでなく，被保険者代表を加える。
(2) 被保険者の意見を反映させるために，公募その他の適切な方法によって被保険者を代表する地域住民の参加を配慮する。
(3) 被保険者としての地域住民の意見を反映させるために，地域住民への聞き取り調査の実施，公聴会の開催，自治会を単位とする懇談会の開催等の工夫をする。いずれにも住民参加が必要であることを規定している。介護保険が地域に密着した保険であることは，その内容から十分汲み取ることができるが，これまでの行政機関や専門家に任せていた介護問題，福祉問題を真に住民の声とし反映されるかが重要な点である。

以上取り上げた3点は，住民参加を前提に取り組まれた制度といい換えることができる。

事例：重度障害者の地域生活支援システム

　住民参加による地域福祉には，主として住民のアクションによって形成されるものと，福祉施設からのアクションによるものがある。ここでは，後者による生活支援システムを紹介する。

　西宮市にある青葉園は，重度障害者の活動拠点として，障害の重い市民の地域生活支援システム構築に取り組んでいる。住み慣れた地域で重度障害者が安心して暮らし続けることと，地域生活での将来展望を確立していくために建てられる「自立プログラム」もその一環である。園の自立プログラムの中心は，2～3人のメンバーと一緒に園で数日間宿泊体験することから始まる。宿泊体験は「障害が重くても，生活に必要な支援を得て自分らしく生きる」ことができることを実感するもので，地域生活支援を産みだす大きな自信となっている。

　まず，具体的に地域生活を実施するための「生活応援所」が設けられ，通所者同士の相互相談や支援会議によって，自立体験室でのひとり暮らし体験プログラムが実施される。また，個別的に家族以外の介護支援を日常的に取り入れていくために，介護スタッフの募集や養成を進めている。

　自立プログラムの実施のなかで，親の高齢化，死亡の後でも安心して園に通所しながら地域の一員として暮らしていけるグループホームの必要性が高まり，園通所者の父母や社会福祉協議会関係者が中心となって，任意団体「あおば福祉会」が1992（平成4）年に発足した。そして，同年地域住民の支援を得て，マンション・借家を確保し8名の常勤職員がスタッフとなりグループホーム「あおば生活ホーム」が設立されている。園での生活応援所の活動や介護人養成コーディネートが進められるなかで，多くの介護人が園通所者の支援にあたるようになり，各家庭に出向いて入浴・食事等の介護支援も実施される。このなかの取り組みが，当初「あおば介助者の会かめのすけ」の任意団体で障害のより重い人にも活用できるように，介護人募集，養成プログラム研修，コー

ディネート等のシステムづくりが介護人サイドから進められる。2001（平成13）年6月には約100名の会員を有し，「特定非営利活動法人かめのすけ」として事業体制を整備し質の向上を図っている。障害の重い人たちの地域生活支援システムは，現在の権利擁護の視点も含め進められている。また，西宮市の地域生活を支える支援事業所とほかの相談支援事業，行政とのネットワーク形成が進められている。現在，青葉園では，いま一度一人ひとりの地域の現実を見つめ直し，より充実した地域での暮らしと将来展望を創り出すことをめざす「個人総合計画」が進められている（資料協力：青葉園元園長，清水氏）。

地域活動の多様化

① ボランティア

地域福祉にとって，ボランティア活動，ＮＰＯ活動などは欠かせない活動の一つである。ボランティア活動の主な活動は福祉活動としての高齢者対象57.7％，障害児（者）対象48.7％．児童13.6％を対象，一般対象のスポーツ，レクリエーション0.6％，文化・伝承1.7％となっている。高齢社会を反映して高齢者対象が約6割となっており，活動者総数は722万人である（厚生労働白書）。地域ボランティア活動は自発的な意志に基づき他人や社会に貢献することであり，自発性（自由意志），無給性（公共性），創造性（先駆性）が問われている。ボランティアの活用は住民活動の中心をなすものであり，社会資源の熟知が活動の効率化を図ることにもなる。とくに，専門の相談機関や権利擁護機関，消費者相談などにつなぐ役割はこれからの積極的な活動が期待される。

② オンブズパーソン

住民の利益を擁護する人，一般には，公益的事務や制度に対して市民的立場で監視し，苦情を申し立てるとともに，必要に応じて，その対応をはかる人と定義している。その主な機能は，（1）迅速な苦情処理，（2）行政に対する監視，（3）制度改善に対する意見表明または勧告などである。自治体レベルでオンブズパーソンの導入は，1990（平成2）年東京都中野区の「福祉オンブズマン制度」に始まり，1999（平成11）年には20を越える自治体が導入している。

施設オンブズマンは，1992（平成4）年に東京都の身体障害者療護施設「多摩更生園」で取り入れられ，2001（平成13）年現在，国レベルでは実現されていない。オンブズパーソンは管轄によって2種類に分類される。管轄が一つの部門にとどまる場合は部門オンブズパーソン，複数の分野にわたる場合は総合オンブズパーソンとに分けられる。

地域に福祉を築く
① 地域支援は利用者が，自らの意志と選択により自立していく主体としてとらえられ，福祉サービスは利用者の自己決定による自立を支援するもので，自立は自らの意志にもとづいて本人らしい生き方を選択するものである。地域支援は高齢者から，児童と幅広く対応したものとなっている。

(1) 介護予防・生活支援事業　要介護者・ひとり暮らし高齢者に対し，要援護状態に陥らないための介護予防サービス，生活支援サービスや家族介護サービスを提供し，総合的な保健福祉の向上に役立てることを目的とする。事業は高齢者等の生活支援事業，介護予防・生きがい活動支援事業，家族介護支援事業，高齢者の生きがいと健康づくり推進事業，成年後見制度利用支援事業などによって対象者の自立と質の確保を図るとともに生きがい，健康づくりなど幅広く活動している

(2) 市町村障害者生活支援事業　在宅の身体障害者等に対し，在宅福祉サービスの利用援助，社会資源の活用や社会生活力を高めるための支援，当事者相談（ピアカウンセリング等を総合的に実施することで障害者の自立と社会参加を促進する。嘱託職員には専門技術を要するものとして社会福祉士，介護福祉士があげられている）

(3) 子育て支援短期利用事業　児童を養育している家庭の保護者が疾病等の社会的な事由，家庭における児童の養育が一時的に困難となった場合，母子が夫の暴力により緊急一時的に保護を必要とする場合，児童，家庭の福祉の向上を図ることを目的とする。要件は保護者の残業や休日勤務などできわめて日常的な対応となっている。

その他，母子家庭等支援事業，育児等健康支援事業などは地域での生活を支える行政的対応である。

② 社会福祉は，普遍化・一般化・多様化のなかでますます地域性のある社会福祉サービスの展開が期待されるところである。その実現のため社会福祉行政は，本来地域住民の福祉の向上にむけた，地域性を加味した行政をめざすべきである。実践にあたっては，具体的に地域に応じたサービスを提供することが求められ，そのためには，支援機関・団体や人とともに各種の制度が重要な要素となる。具体的にあげられるのは，あるときは監視役であったり，苦情に対して調査等を実施し，権利を擁護するオンブズマンである。また，地域住民の身近の手続きの援助，生活福祉に関する情報や助言，福祉サービスの利用料の支払い，苦情解決制度の利用援助などを行う地域福祉権利擁護事業である。繁雑なサービス利用手続きのない受けやすさがあることが大切であり，その他民間主導型で住民参加が保障されることも求められる。

また，住民活動の主たる担い手のボランティアについては，保健医療・福祉マンパワー対策本部「中間報告」の中で有償ボランティアがあってよいし，ボランティア休暇の保障，福祉教育の充実，社会的評価の制度化などが活動の要件としている。ボランティアは行政の下請けではなく，自発的な集団で独自の見解をもつことが大事である。地域福祉において住民が主体となるためには，住民自らがここでの紹介機関の実施状況を尋ねアクションを起こすことも重要なことである。

======== コラム：専門職化の変遷——福祉ニーズへの対応 ========

　社会福祉専門職化への動きは，職能団体，民間社会福祉，公的機関の各分野からの三大潮流としてとらえられる。まず1952（昭和27）年第6回全国社会福祉大会第4部会で日本医療社会事業協会が身分確定のための法律制定を訴えたことに始まる。のち，1962（昭和37）年東京都社協民間社会福祉事業従事者処遇調査委員会「資格基準に関する小委員会」は「社会福祉士制度［1級及び2級］試案」を発表し，1967（昭和42）年には，都知事の諮問機関である東京都社会福祉審議会が「東京都における社会福祉専門制度のあり

方」について都知事に答申する。当時，わが国では社会福祉の専門的知識と技術の必要性を認識するものは少なく，素人にもできると理解する者が多かった。社会福祉現場では，社会福祉従事者の劣悪な待遇が社会福祉の質的向上を阻んでいた。昭和40年代は，経済中心の政策から，社会開発のあり方が問われ，社会福祉の推進がとりあげられる。1969（昭和44）年には，当時の厚生大臣の諮問を受けた中央社会福祉審議会職員問題専門分科会起草委員会が「社会福祉士法」制定試案をまとめた。試案によって地域福祉に関する職種をみると，コミュニティオーガナイザーが要資格職種として上げられている。

　当時の民間社会福祉事業では，労働の劣悪さ・賃金の低さが施設職員の確保を阻んでいた。施設最低基準の職員を確保することさえ容易ではなかった時である。少し溯るが，朝日新聞投書欄に過重労働と病気を訴えた保母が，裏磐梯の林で自殺し，日本社会事業の劣悪さが話題になったのはこの頃である（1962年5月26日）。賃金は，1968（昭和43）年の京都府民間社会福祉施設職員の給与（高卒）でみると，国家公務員との差が勤務年数1年未満で，1913円（2万1365円→1万9452円）の格差がみられ，勤務年数が増えるほどその差は広がる。15～20年では，1万6600円（4万9781円→3万3181円），20～25年では，2万102円（5万7369円→3万7267円）と生活の不安は増すばかりでった。現在の国家資格がすぐに歴史的な解決を図るものではないが，着実に福祉ニーズに対応し，社会的評価も高くなりつつある。

引用文献
(1)　『月刊司法書士』11月号，1999年。

読者のための推せん図書
真田是『地域福祉と社会福祉協議会』かもがわ出版，1999年。
　　――本書の第一部では，社会福祉の起点を国民の実態としてとらえ，地域福祉，社協は住民の参加によって福祉政策を検討する必要があるとしている。第二部は社会福祉理論の領域にも言及し，最近の社協の役割と課題を示しており地域福祉をとらえるには好著である。
加藤良重『自治体と福祉改革』公人の友社，2001年。
　　――第一部は少子高齢社会の現状と問題状況整理し，自治体福祉の課題を掲げてい

る。第二部は介護保険を説明し，その関連制度を取り上げ，保健福祉制度から権利擁護まで説明され，自治体と福祉のかかわりがよくわかる。

福岡寿編著『コーディネーターがひらく地域福祉』ぶどう社，2002年。
——地域福祉を進めていく，中心的な仕事として「コーディネート」の仕事がある。コーディネーター事業のスタートが生活支援センターの取り組みなどに広がりをもつことになる。レスパイトケアから支援センターなど，4人のコーディネーターの事例がその職を身近に感じさせる。

竹内愛二著『専門社会事業』弘文堂，1968年。
——社会福祉専門職をとらえるには一読を要する。専門職業，人間相互関係の充足の実現を技術的にとらえるだけではなく，制度面，歴史的な視点も併せて幅広く論述されている。本書を現在入手することは困難であることが予測されるが図書館等で是非手にして貰いたい書物である。

第8章

地域福祉とボランティア，NPO

　近年，ボランティアやNPOの活動は，福祉分野にとどまらず，環境保全，まちづくり，国際協力など多様な分野で，大きな広がりをみせている。
　1995年の阪神・淡路大震災でのボランティア，NPOの働きは，国民の理解と関心，参加を促進する契機になった。1995年は「ボランティア元年」といわれ，被災地で果たしたNPOの働きは，1998年の「特定非営利活動促進法」の成立・施行につながった。
　これらボランティア，NPOなどの活動を行う者は，2000年の社会福祉法の成立により「社会福祉に関する活動を行う者」として，地域福祉を推進する新たな役割が与えられ，大きな期待が寄せられるようになった。
　この章ではボランティアやNPOの基本的な性格や現状について学び，地域福祉推進のために果たす役割について考え，さらにいっそうの発展のための振興方策について学びを深めることとする。

1　ボランティアとは

広がるボランティア——その社会的背景

　近年，ボランティアやNPO（民間非営利組織）などの取り組みが活発になり，活動者数や活動分野が大きく広がっている。それは，社会や社会福祉の状況の変化に対応している。社会の変化として，①高齢化の進行，②家族形態や家族機能，扶養意識の変化，③コミュニティの隣人関係や助け合いの希薄化，

④自由時間の増大や自己実現欲求の高まり，⑤生活の質や心の豊かさの重視など生活価値観の変化，⑥国際化への関心の増大などがあげられる。これらの社会の変化を背景に，ボランティアやNPOの働きを必要とする社会福祉の状況の変化が進んでいる。すなわち，①ノーマライゼーションやソーシャル・インクルージョン，地域自立生活支援といった新しい福祉観の台頭，②福祉の地域化，地域の福祉化の進行（福祉の普遍化），③公的サービスでは対応し難い多様で個別的なニーズの増大，④他者と共に育ち，老いる（共に生きる）場としての地域社会づくりへの関心の増大，⑤自己実現や他者と共に生きる力など，人間形成に向けた社会参加の欲求の高まりなどである。

ボランティアやNPOの活動は，自己犠牲や献身をともなう一部の人が行うものでなく，「誰でもができることを，みんなですること」「いつでも，どこでも，誰でも，何でも」する生活の中での当たり前の行為であるとの理解が広がっている。

ボランティアとは——その基本的な性格

ボランティア（Volunteer）は，ラテン語で「自由意思」の意味をもつVoluntasに人名称のerをつけてできあがった言葉である。日本語の辞書で引くと名詞では，「志願兵」「篤志家」「奉仕者」などと訳されている。ボランティアは強制や命令によってではなく，自らの自由な意思ですすんで社会的問題の解決のために活動する人である。

ボランティア活動の定義については論者によりさまざまな試みがなされているが，いまだ明確な定説はない。1992年の生涯学習審議会答申「生涯学習の振興策について」では，「個人の自由意思に基づき，その技能や時間等を進んで提供し，社会に貢献すること」としている。また筆者も参加した1993年の中央社会福祉審議会答申「ボランティア活動の中長期的振興策について（以下，「意見具申」という）では，「自発的な意思に基づき，他人や社会に貢献すること」としている。

定義についての明確な定説はないものの，ボランティアの基本的な性格につ

いての共通理解は深まっている。論者にほぼ共通する基本的性格として，①自らの自由な意思で，内発的動機により主体的に活動に参加するという〈自発性〉，②自らの利益や，特定の人や組織の利益のためにではなく，不特定多数の利益のために活動するという〈公益性〉，③自らの行為の結果として，代償としての金品，地位や名声などの見返りを求めるものでなく，利用者のニーズに応えることを目的に活動するという〈無償性〉，④制度や施策がいまだ十分に対応できていない新しい福祉課題や，行政が対応すべきでない福祉課題に先駆的・創造的にかかわる〈先駆性・創造性〉，⑤助け合い，支え合って地域での生活の自立と共同性の回復をめざす〈連帯性〉などをあげることができる。論者によっては他に，〈利他性〉〈継続性〉〈市民性〉などの性格を加える場合もある。

　近年，ボランティア精神を背景に，利用者が利用料などを負担する「住民参加型在宅福祉サービス団体」や民間非営利組織の増加が顕著である。有償活動の担い手は，「有償ボランティア」と呼ばれる場合もあり，「無償性」というボランティアの基本的性格から，ボランティアかどうかが，しばしば議論になる。1993年の中央社会福祉審議会の「意見具申」では，「受け手と担い手との対等な関係を保ちながら謝意や経費を認め合うことは，ボランティアの基本的な目的からはずれるものではない」と，その見解を示している。有償であってもその行為が対等・平等な関係によって行われていること，その行為が代価としての報酬を得ることを第一の目的として行われるものでないことを考えれば，その行為は利を営む（営利）ものでなく，ボランタリーな活動の新たな分野と考えることができる。無償や有償の差異や特性を互いに認め合い，連携して豊かで厚みのあるインフォーマルセクターを形成することが望まれる。

ボランティア活動の現状

　1995年1月の阪神・淡路大震災には，全国から1年間に延べ137万人を超えるボランティアが参加した。とくに震災直後の1か月は，1日2万人にものぼるボランティアが被災地に駆けつけた。1995年は，「ボランティア元年」とい

第8章　地域福祉とボランティア，NPO

われた。また2001年はわが国の提案にもとづき，1997年の国連総会で決議された「ボランティア国際年」であった。21世紀を「ボランティアの世紀」と呼ぶ論者もおり，ボランティア活動は，国内外での大きな関心事となっている。

全国社会福祉協議会・全国ボランティア活動振興センターの『ボランティア活動年報2001年』によれば，2001年3月現在，ボランティア団体は9万7648，その団体に所属するボランティア数は683万3719人，個人で活動するボランティア数は38万5428人，ボランティア総人数は721万9147人となっている。この数は，調査が始まった1980年のボランティア数と比較すれば，22年間で約4.5倍にもなっている。

表8-1　活動分野と構成比

分野	構成比（％）
保健・医療・福祉	43.1
まちづくり	11.1
環境の保全	9.8
文化・芸術・スポーツの振興	6.9
国際協力	5.4
子どもの健全育成	4.7
社会教育の推進	4.0
地域安全活動	1.8
災害援助活動	1.1
人権の擁護・平和の推進	1.1
男女共同参画	1.0
NPOの団体への助言・援助	0.7
その他	4.8
無回答	4.4
	N＝4,009（％）

（出所）　内閣府国民生活局「2001年市民活動レポート――市民活動団体等基本調査報告書」。

内閣府国民生活局「2001年市民活動レポート――市民活動団体等基本調査報告書」によれば，ボランティア活動の分野は，「保健・医療・福祉」が43.1％と最も高く，以下「まちづくり」（11.1％），「環境の保全」（9.8％），「文化・芸術・スポーツの振興」（6.9％），「国際協力」（5.4％）と続き，多様な広がりをみせている（表8-1）。活動地域の範囲は，「一つの区市町村の区域内」で活動する団体が61.7％と大多数を占め，「複数の区市町村にまたがる区域程度」（16.6％），「一つの都道府県の区域程度」が（9.2％）と続く。一つの都道府県で活動する団体は，全体の87.5％を占め，基礎自治体や生活圏域での生活課題への対応が中心になっている。次に活動者の属性を全国社会福祉協議会「全国ボランティア活動者実態調査報告書」（1996年）でみると，性別では男性が

19.2％，女性が80.8％と女性の割合が圧倒的に多い。年代層をみると，50歳代が25.0％と最も高く，60歳代（23.3％），40歳代（12.9％），30歳代（7.0％），20歳代（4.8％），19歳以下（6.1％）と続く。職業の有無では，「有職」が32.2％，「無職」が60.2％でその内主婦が42.5％を占めている。男性や有職者，若年層の活動参加の促進が，今後の課題となっている。

2　NPOとは

NPOとは

　NPOはアメリカで生まれた言葉で，Non Profit Organization，またはNot for Profit Organization の略称で，民間非営利組織と訳されている。また，NPOと同様な精神と性格をもつNGO（Non Governmental Organization 非政府組織）も国連憲章の規定による非営利の民間組織である。国際レベルで活動を行う組織を，NGOと呼ぶ場合がある。イギリスは，チャリティ（Charity）という制度のもとに，民間非営利組織を位置づけている。

　NPOの定義は，国によっても論者によっても違いがあり，明確な定説はないが，レスター・M，サラモン教授の定義が用いられることが多い。その内容は，①組織化されていること，②民間であること，③利益分配をする組織ではないこと，④自己統治力を備え自己決定できること，⑤自発的であること，⑥非宗教的であること，⑦非政治的であることを組織要件とするというものである。

　NPOは世界的に大きな広がりをみせ，画一的で平均的なサービス提供では十分にその効果を発揮することの難しい，教育，保健，医療，福祉，環境，文化，芸術など，多様で個別性の強いニーズへの対応，人的サービス供給分野を中心に，社会の必要とする公益性の高い社会サービスを提供している。

　わが国において，NPOの社会的意義と法制化の必要が広く国民に認識される契機となったのは，1995年の阪神・淡路大震災での働きによってであった。NPOは，公平性・平等性をサービス提供の原則とする公的サービスでは十分

に対応することのできない多様なニーズ,刻々と変化するニーズに,迅速に柔軟に対応した。行政,関係機関,企業などに市民の立場で向き合い,時には創造的批判を行い,時には協働して市民セクターとしての力を発揮し,復興の主体が市民であることを,強く社会に印象づけた。NPOの組織特性がいかんなく発揮された例ということができるだろう。

NPO法の成立と施行

NPOの阪神・淡路大震災での働きを契機に法制化の機運が高まり,1998年3月,「特定非営利活動促進法(以下「NPO法」という)が成立し,同年12月より施行されることになった。

NPO法はこの法律で定める特定非営利活動を,「別表に掲げる活動に該当する活動であって,不特定かつ多数のものの利益の増進に寄与することを目的とするもの」と定義している。またこの法律の目的を,「特定非営利活動を行う団体に法人格を付与すること等により,ボランティア活動をはじめとする市民が行う自由な社会貢献活動としての特定非営利活動の健全な発展を促進し,もって公益の増進に寄与すること」としている。「別表」に掲げる活動分野は,①保健・医療又は福祉の増進を図る活動,②社会教育の推進を図る活動,③まちづくりの推進を図る活動,④文化・芸術又はスポーツの振興を図る活動,⑤環境の保全を図る活動,⑥災害救援活動,⑦地域保全活動,⑧人権の擁護又は平和の推進を図る活動,⑨国際協力の活動,⑩男女共同参画社会の形成の促進を図る活動,⑪子どもの健全育成を図る活動,⑫前各号に掲げる活動を行う団体の運営又は活動に関する連絡・助言又は援助の活動,である。12分野の活動事例は,表8-2のように多様である。2002年12月の法改正により,①情報の伝達・普及を図る活動,②科学技術および学術の推進を図る活動,③経済活動の活性化を図る活動,④職業能力の開発および雇用機会の創出を図る活動,⑤消費者の保護を図る活動の5分野が新たに加えられた。

NPO法に基づいてNPO法人を設立しようとする者は,認証申請に必要な書類を整え,事務所が1つの場合はその事務所が所在する都道府県の知事に,

表8-2 NPOの活動事例

活動分野	活 動 事 例
1 保健・医療又は福祉の増進を図る活動	高齢者・障害者への介護サービス,難病者の支援,高齢者への配食サービス,生活保護者の支援,共同作業所,障害者・高齢者の移送サービス,盲導犬の育成,聴覚障害者への声のボランティア,点字・手話サークル,老人相談室,自立生活の支援,作業所の支援,障害者保育,福祉マップの作成,命の電話,病気の予防グループ,医療に関するサービス提供,高齢者への精神的サポート(誕生カード・施設訪問等),障害者・高齢者への雇用紹介,母子家庭・寡婦(夫)の自立支援,公衆衛生,エイズ患者の支援,救急医療の普及,安全な食べ物の普及
2 社会教育の推進を図る活動	消費者保護・教育,フリースクール,高齢者の海外学習旅行の手助け,生涯学習の推進
3 まちづくりの推進を図る活動	歴史的建造物の保存,過疎の村おこし,地域おこし,町並み保存,地域情報誌の発行,花いっぱい運動,町の清掃活動,ひと鉢運動,都市農村交流運動,高齢者・障害者・外国人等への住宅のあっせん,地域議会ウォッチング,大規模開発等に対する住民の提案活動,自治体オンブズパーソン,公園の管理,地域産業の活性化,地域振興,コミュニティづくり
4 文化,芸術又はスポーツの振興を図る活動	民間博物館,歴史館,郷土資料館,おもちゃ博物館,スポーツ大会等の手伝い,伝統文化の振興・継承,美術館の開設ボランティア,地域の少年スポーツチーム,市民音楽団(市民オーケストラ)合唱団,学会,学術支援,スポーツ教室,スポーツ指導,歴史の探求会,演劇鑑賞会,芸術家の支援,映画の上映会
5 環境の保全を図る活動	熱帯雨林の保護,野鳥の保護,樹木の観察,ホタル生息地復活,野生生物の保護,森林保全,河川の浄化,わき水の保全,酸性雨調査,水質汚染調査,再生紙利用,棚田の保全,環境教育,オゾン層保護,地域生態系の調査,フロン回収,動物愛護,ナショナル・トラスト,リサイクル運動の推進,牛乳パックの回収,公害防止,古着販売・洋服のリフォーム,古本回収,ソフトエネルギー推進,住環境の維持・保全
6 災害救援活動	地震・津波等自然災害の救援,流出油災害等の事故災害の救援,被災者への支援,災害の予防活動,それらの調査・研究
7 地域安全活動	事故防止,交通安全活動,犯罪の防止活動,犯罪・事故被害者の救援・支援,犯罪を行った者の更正・援助,災害の予防,遺族の精神的サポート,犯罪者の社会復帰支援・家族支援
8 人権の擁護又は平和の推進を図る活動	軍縮,核兵器反対,地雷の禁止を求める活動,国際紛争の予防,戦争資料館,差別に反対する活動,人権啓発,子供の虐待防止,家庭内暴力からの保護,ホームレスの生活支援活動,売春防止,法律相談
9 国際協力の活動	難民救援,開発協力,教育支援,飢餓撲滅,食料援助,国際的里親の紹介,国際交流活動,国内での開発教育,在日外国人のための通訳・翻訳サービス,留学生支援,海外の市民活動の情報提供,文化交流,教室,ペンフレンドの募集・紹介,日系外国人等の帰国者支援
10 男女共同参画社会の形成の促進を図る活動	性差別への反対運動,女性の自立支援,女性の地位向上,女性が働く環境をつくる運動,女性経営者の支援,セクシュアルハラスメントを防止する活動,女性の雇用均等を求める活動
11 子どもの健全育成を図る活動	遊び方の伝承,子供の買売春の禁止,非行防止,青年学級,読書会,ボーイスカウト,ガールスカウト,登校拒否児の親の会,いじめ問題110番,帰国子女のサポート,保育所,地域の子供会,地域の子育て支援,自主保育,学童保育
12 前各号に掲げる活動を行う団体の運営又は活動に関する連絡,助言又は援助の活動	サポートセンター,市民活動への助成,ボランティアセンター,市民活動に対してインターネット利用を進める活動,情報収集・提供,ミニコミ紙の情報センター,市民バンク,市民活動の映像記録作成,企業・自治体への市民活動の紹介,情報公開制度による市民活動への情報提供サービス

(出所) 経済企画庁編『国民生活白書(平成12年度版)』大蔵省印刷局発行,2000年,138頁。

第8章 地域福祉とボランティア，NPO

表8-3 NPOの範囲

公益団体（公益性）			共益団体（共益性）
①	②	③	④
・特定非営利活動法人（NPO法人）	・法人格のない民間非営利活動団体	・公益法人（社団法人，財団法人） ・社会福祉法人 ・医療法人 ・学校法人 ・宗教法人	・中間法人(中間法人法) ・消費生活協同組合(消費生活協同組合法) ・農業協同組合（農業協同組合法） ・労働組合(労働組合法) ・町内会，自治会など

事務所が複数の都道府県にある場合は内閣総理大臣に法人設立申請を行い，NPO法人認証を受けることになる。

NPO法が施行されるまでは，公益性の高い活動を行っていても無認可団体，任意団体として契約の主体となることができず，代表者などが個人名義で事務所を借りたり，銀行口座を開設するなどしていた。税制上も個人扱いになるなど，問題もあった。また制度的な認知がないことから，寄付が得にくく，行政や企業などからの助成や事業委託が受けにくいなどの問題もあった。NPO法にはまだまだ改善すべき点も多いが，この法律によって法人格取得の道がひらけたことは，民間非営利組織の社会的認知と活動の活性化を促し，市民セクターを発展させるために，重要な意味をもつものである。

NPOの範囲やどのような団体を含むかは，国によっても論者によっても異なるが，表8-3のように整理することができる。NPO法人の①は最狭義のNPOであり，②は法人格をもたないボランティア活動推進団体，住民参加型在宅福祉サービス団体など多様な民間非営利組織を含み，③は民法の公益法人や特別法にもとづく非営利公益法人である。④は公益も私益も目的としない，共益的性格をもつ中間法人である。一般的にNPOは，①から③の範囲で，それぞれの団体を含むものと考えられている。最広義には，④の共益団体もNPOに含める場合もある。

NPOの現状

2002年6月末現在,認証を受け法人格を取得して活動する団体は,7374法人と大きな広がりをみせている。活動分野は表8-4のように,「保健・医療又は福祉の増進を図る活動」が60.1%を占め,「社会教育の推進を図る活動」(44.2%),「連絡,助言又は援助の活動」(38.4%),「まちづくりの推進を図る活動」(36.4%),「子どもの健全育成を図る活動」(36.3%)と続いている。

大きな広がりがみられる一方,直面する課題も多い。『平成12年度版国民生活白書』によれば,資金面では零細な団体が多く,安定的な収入基盤の確立が必要になっている。活動を支える会員や運営スタッフの不足もみられる。有給スタッフがいる法人は全体の43%にとどまっており,年間給与が300万円で働く人が,7割を占めている。

2001年10月にはNPO法人への寄付などに対する税制優遇措置が設けられたが,わかりにくく適用条件が厳しいなどの意見も多い。制度上の改善とあわせ,NPOを育てるためのNPOセンターなど,中間支援組織の育成,NPOを運営や資金面で支える市民,ボランティアのいっそうの参加の促進など,総合的で計画的な支援が必要である。

NPOとして地域福祉の一翼を担ってきた団体に,「住民参加型在宅福祉サービス団体」がある。これは1980年代,利用制限などにより公的なホームヘルプサービスを利用することのできない利用者層に,柔軟に対応することを目的に,都市部を中心に,住民の自発的参加による助け合い活動として生まれたものである。活動内容は,家事援助サービス,介護サービス,食事サービス,移送サービス,外出介助サービスなどと多様であり,非営利の有償でサービス提供がなされている。全国社会福祉協議会の「平成11年度住民参加型在宅福祉サービス団体活動実態調査報告書」によれば,この活動団体は1400団体になり,調査が開始された1987年当時の約10倍にもなっている。この団体の中で,NPO法人格を取得している団体が,17.4%ある。また介護保険制度に対する方針では,団体の事業の全部または一部を保険給付の対象とする団体が28.1%ある。各団体に共通する課題として,①担い手の確保と養成,②安定した運営費の確

第 8 章　地域福祉とボランティア，NPO

表 8-4　特定非営利活動法人の活動分野
　　　　　──定款に記載された特定非営利活動の種類（複数回答）──

(2002年6月末現在)

活動分野	法人数	割合
保健・医療又は福祉の増進を図る活動	4,432	60.1%
社会教育の推進を図る活動	3,259	44.2%
まちづくりの推進を図る活動	2,687	36.4%
文化，芸術又はスポーツの振興を図る活動	2,134	28.9%
環境の保全を図る活動	2,059	27.9%
災害救援活動	557	7.6%
地域安全活動	611	8.3%
人権の擁護又は平和の推進を図る活動	1,154	15.6%
国際協力の活動	1,797	24.4%
男女共同参画社会の形成の促進を図る活動	713	9.7%
子どもの健全育成を図る活動	2,679	36.3%
前各号に掲げる活動を行う団体の運営又は活動に関する連絡，助言又は援助の活動	2,833	38.4%

（注）　一つの法人が複数の活動分野の活動を行う場合があるため，合計100％にならない。
（出所）　内閣府ホームページ。

保，③組織運営上の自己統治力の向上，④スタッフやサービスの担い手の社会福祉援助技術の知識や技術の向上などがあげられる。NPO法人格を取得した団体や介護保険の制度事業を行う団体では，それまでの経験にない，①制度にもとづく法人事務・保険事務などの事務管理能力の向上，②新規に雇用された専門有資格者のマネジメントなどが新たな課題となっている。

　社会福祉の状況が変化するなかで，この団体の運営スタイルも多様化している。地域の必要から生まれ，利用者であり担い手でもあるという地域福祉の当事者性をいかした取り組みは，地域に助け合いを広げ，助け合いに満ちた地域社会づくりをすすめるうえで，大切な役割を担うものである。活動のいっそうの発展と，それを可能にする支援が望まれる。

3 地域福祉とボランティア，ＮＰＯ

ボランティア，ＮＰＯの役割

　近年，ボランティア活動やＮＰＯなどの多様な取り組みに加え，地域通貨・エコマネー（疑似通貨）を利用した生活圏域での助け合い，生活者の立場で地域の利益の最大化を目的に有償で事業を行うコミュニティビジネスなど，新しいボランタリーな取り組みも生まれ，育っている。生協，農協，労働組合の地域福祉活動の取り組みや，企業の社会貢献活動も着実に広がっている。このような市民の自発的な参加によるボランタリーな活動の広がりは，専門的諸機関の提供するサービスとあいまって，厚みのある福祉社会の形成に大きな貢献をしている。

　2000年の社会福祉法の成立により，「地域住民」や，ボランティア，ＮＰＯなど「社会福祉に関する活動を行う者」は，地域福祉を推進するうえでの新しい位置づけがなされ，重要な役割を果たすことが期待されるようになった。ボランティア，ＮＰＯは地域福祉の発展に次のような意義をもち，期待された役割を果たす。

　第一は，サービスを担い，問題を解決する役割である。地域社会は育ち老いる場であり，問題がおこり問題を解決する場である。ボランティアやＮＰＯは，生活者として共有する福祉課題を協同の契機として自発的に参加し，問題の解決を図る役割を担っている。

　第二は，住民の地域福祉活動への参加を促進する役割である。ボランティア活動やＮＰＯの活動は，利用者と担い手が対等な立場で主体的に参加し，協同してつくりあげる活動である。地域社会にボランタリーな活動を推進する多様な福祉の選択肢が存在することは，利用者にとっても担い手にとっても，有益である。ボランティアやＮＰＯは，福祉への参加を促進する社会的装置としての役割も担うものである。

　第三は，公私の相補的なパートナーとしての役割である。ボランティア，Ｎ

第 8 章 地域福祉とボランティア，NPO

ＰＯはその特性をいかし，公的制度の未整備な部分を補い，必要とされるサービスを開発し，公的サービスでは対応し難い，多様で個別的なニーズに柔軟に対応することができる。また，公私が協働することでそのサービス効果を高めることのできる領域への参画も，ボランティア，ＮＰＯの大切な役割である。

　第四は，公的サービスの監視者あるいは創造的な提言者としての役割である。ボランティア，ＮＰＯは，活動を主体的に担いつつ，公的サービスや福祉システム全体を点検・評価し，必要な場合は，創造的批判や提言を行う役割をも担っている。またソーシャルアクションによって，問題解決と制度上の改善などを求める場合もある。

　第五は，ボランティア・福祉教育の推進者としての役割である。活動を担うことによって自らが福祉課題について学び，それを地域社会に提起することで，地域住民の理解と関心を深め，活動への参画を促進することができる。多様で豊かなボランタリーな活動の存在そのものが，地域住民が身近なところで助け合って共に生きることの大切さを学ぶ，ボランティア・福祉学習の学校にもなるのである。

　第六は，地域福祉計画や地域福祉活動計画に参画する役割である。ボランティア，ＮＰＯは，地域実践の経験をいかし，サービス利用者の声もふまえて，問題解決と予防のための計画づくりと評価に参画する役割を担っている。

　第七は，福祉サービス利用者の利用支援の役割である。ボランティア，ＮＰＯは，サービス利用者の地域自立生活支援のために，「安全である権利」「知らされる権利」「選ぶ権利」「意見を反映される権利」「補償を受ける権利」などの福祉サービス消費者としての基本的な権利を支える役割を担っている。また，利用者が主体的にサービスを利用する力を強める，エンパワーメントの役割も担っている。コミュニケーションや主体的な判断が十分できない利用者に寄り添って，相談にのったり，専門の相談機関や権利擁護機関につなぐなどの役割も期待されている。

　第八は，上記の七つの役割を合わせもつ，地域福祉の主体形成と市民福祉社会づくりの役割である。地域住民，ボランティア，ＮＰＯは，ボランタリーな

活動をすすめることで,地域の福祉力や自治力,主体形成を強め,新しい公共の創設と市民福祉社会の形成を主体的に担うものである。

ボランティア,NPOの推進方策

ボランティア,NPOはこれまで述べてきたように,地域福祉を推進し市民福祉社会の形成を主体的に担う大切な役割を果たすものであるが,現実にはいまだ発展途上にあり,これからも行政などによる効果的な支援策を講じることが必要である。もちろん行政は,地域福祉の推進に関して,「地域住民」や「社会福祉に関する活動を行う者」に「おまかせ」になり,その政策主体や実施主体としての責任を曖昧にすることがあってはならない。行政は,自らの責任と役割を果たしながら,ボランティア,NPO支援のための基本的な考え方を定め,それにもとづく効果的な支援策を具体的にすすめることが必要である。「広がれボランティアの輪」連絡会議は,「行政とボランティア,NPOとのパートナーシップ,行政による支援のあり方に関する提言」(1996年)の中で,行政による協働・支援の考え方を,次の四つにまとめている。

(1) 対等性——行政とボランティア,NPOは,それぞれが独自の役割を持った対等なパートナーだという認識が必要である。

(2) 多様性の受容と長期的な支援——ボランティア,NPOの活動はそれぞれ独自の目的・理念にもとづく幅広く,多元的なものであることを理解し,長期的な視野から種々の活動を支援することが必要である。

(3) 間接的支援——行政はボランティア活動,NPO活動に対しては基盤整備・環境整備や仲介・支援型NPOを通じた間接的な支援を行う必要がある。

(4) 「対等性」「多様性の受容と長期的視点」「間接的支援」を実現するための市民との協働による指針づくり——市民やボランティア,NPOとの対話,合意づくりのプロセスを大切にしながら,行政としての支援の理念や方針を指針などにより明確にする必要がある。

さらに「提言」(1996年)は,上記の考え方をふまえ,具体的な支援策を次の四つにまとめている。

(1)　環境整備——広報・啓発活動・情報提供システムづくり，ボランティアなどの学校教育への位置づけその他の支援。

　(2)　基盤整備——活動拠点の整備，仲介型NPOへの支援，地域福祉基金などの公共的基金の拡充その他，活動発展の基盤に対する重点的な支援。

　(3)　人材確保・育成——管理運営経費に対する支援・人材育成・確保などに対する支援。

　(4)　法制度の整備——NPOにふさわしい法人制度の創設，税制優遇措置などを積極的に進める。

　行政によるボランティアやNPOの支援については，旗を振りすぎても，無関心であってもいけないというデリケートな問題をはらむが，上記の考え方と支援策は妥当なものであるといえる。

　現在策定作業がすすめられている市町村の「地域福祉計画」に盛り込むべき事項として，「地域福祉に関する活動への住民の参加の促進に関する事項」があり，住民やボランティア，NPOなど関係者の意見を反映することが求められている。また，全国社会福祉協議会は，「第二次ボランティア・市民活動推進5か年プラン」と「社協ボランティア・市民活動センター強化・発展の指針」(2001年6月) を提起し，全国各地の社協で，新たな展開プランの検討がすすめられている。社協を中心に，ボランタリーな活動をすすめる団体間の協働の計画としての性格をもつ，「地域福祉活動計画」策定の検討もすすめられている。

　これらの諸計画の中で，ボランティア，NPOの支援策や協働の取り組みが計画化され，実行されて市民セクターの力が高まり，市民福祉社会創造への取り組みが，いっそう加速されることが期待される。

コラム：ボランティア，NPOセンターの動向

　ボランティアセンターは，ボランティア活動を推進し支援する機関であり，社会福祉協議会や民間ボランティア協会が運営するものが多い。全国社会福祉協議会の調査では，都道府県，指定都市にはすべて，社協ボランティアセンターが開設されている。市区町村レベルでも，90％を超える地域で社協ボ

ランティアセンターが開設されている。民間ボランティア協会も，全国で20ほどの組織が活動を続けている。この組織の中で，ボランティア・コーディネーターと呼ばれる専門職がボランティア活動支援業務を担っている。

　ＮＰＯセンターは，ＮＰＯの活動支援を行う機関であり，1996年神奈川県と宮崎県に設置されたのが最初で，以降，全国に広がった。2002年には，都道府県レベルでは半数以上，市区町レベルでは100か所を超えるほどに，その設立が急速にすすんでいる。

　1998年，東京都社会福祉協議会は広がるＮＰＯの支援も目的として，ボランティアセンターを「東京ボランティア・市民活動センター」に改組した。以降，社協ボランティアセンターの「ボランティア・市民活動センター」への改組の動きは，全国に広がっている。

　2002年6月，兵庫県に「ひょうごボランタリープラザ」が開設された。これは，兵庫県のＮＰＯ支援センター機能を兵庫県社会福祉協議会が運営受託し，兵庫県社協ボランティア・市民活動センターと一元化し，「ひょうごボランタリープラザ」として改組したものである。

　この「プラザ」の基本コンセプトは，①地域支援拠点や中間支援組織に対する支援，②新しい「公」の担い手づくり，③多彩な活動資金支援であり，具体的な事業として，①交流・ネットワーク，②情報提供・相談，③人材養成，④活動資金支援，⑤調査・研究を行うものである。ボランタリーな活動への助成は，創設された総額100億円の「ひょうごボランタリー基金」「阪神・淡路大震災復興基金ボランティア活動助成」とあわせ，2002年度は4億円程度が予定されており，わが国最大級である。

　この「プラザ」は，ボランティアやＮＰＯなど広範な市民活動の促進によって市民のくらしと地域を創造的に復興し，多くの市民の参画と協働による市民社会形成をめざす全県的な支援の中枢としての役割を担っている。また，社協ボランティアセンターのこれからのあり方を求めていく創造的・開拓的な役割も担っている。

　ボランティア・ＮＰＯの可能性を広げる，全県的支援センターとしての「プラザ」の今後の事業展開に，兵庫県や全国の関係者から大きな期待と関心が寄せられている。

読者のための推せん図書
安藤雄太監修『ボランティアまるごとガイド』（まるごとガイドシリーズ⑩）ミネル

ヴァ書房，2002年。
　——ボランティア，NPOの活動を，楽しく，おもしろく，総合的に学ぶことのできる入門書である。実践事例も豊富である。
経済企画庁編『国民生活白書（平成12年版）』大蔵省印刷局発行，2000年。
　——ボランティア，NPOが特集され，実態や統計的数字，海外事情や国際比較などが詳細に報告されている。
山岡義典編著『NPO基礎講座』ぎょうせい，1997年。
　——市民社会の創造のために，ボランティア，NPOがもつ意義や役割，NPOと企業，助成財団，自治体行政との関係，NPOをめぐる法制度と税制度など，基礎的な事項を体系的に学ぶことができるテキストである。
内海成治・入江幸男・水野義之編『ボランティア学を学ぶ人のために』世界思想社，1999年。
　——多岐にわたるボランティア活動の分野全般を，その思想的背景，現状，動向，課題について学問的に解説したものである。ボランティア学について理解を深めたい読者のための，一冊である。

第9章

地域福祉におけるセルフヘルプ運動

　セルフヘルプグループとは，患者会や障害者や高齢者家族会などをいう。セルフヘルパーたちは，①自分たちの問題（課題）に対処するとともに，②仲間とともに生き，③自分たち市民中心の社会を再編しようとしている。セルフヘルプグループは，グループの仕組やメンバーの生きる方法を通して市民や社会に「市民とは，地域社会とは，地域福祉とは」などに関する課題を提起している。セルフヘルプグループなどによるセルフヘルプ運動は，ボランティア運動などとともに，市民による市民のための運動である。
　ここでは①セルフヘルプグループとは何か，②セルフヘルプグループがメンバーなどに対してどのような機能を果たしているのか，③セルフヘルプ運動とその機能を明らかにし，④セルフヘルプ運動の要件を述べ，⑤それらを通して，地域や地域福祉にとってどのような意味をもち，⑥地域や地域福祉のありようにどのような提言をしているのかを述べる。

1 セルフヘルプグループに関する基本用語の理解

　セルフヘルプグループをめぐってはさまざまな誤解がある。そこで，まず，セルフヘルプグループに関する基本的な用語を理解しておこう。
　①　セルフヘルプグループとは，患者会や障害者や高齢者の家族会などのグループをいう。
　②　セルフヘルプグループは，専門職などの支援を受けるが，自分たちで運

営しているグループである。「自分たちの」「自分たちによる」「自分たちのための」グループである。その点で，専門職が運営しているデイケアなどのグループとは異なる。

③　同じような問題（課題）を有している人々が，集い，体験を分かち合うグループを結成する。そのようなグループをセルフヘルプグループ（〈自助―相互援助〉グループ）と呼び，全国組織をもち，多くの支部（単会）を有している組織をセルフヘルプオーガニゼーション（〈自助―相互援助〉組織）と呼ぶ。

④　「当事者集団」とか「自助集団」などと呼ぶことがあるが，セルフヘルプグループと片仮名で呼ぶのがよかろう。それは，自助ばかりではなく，相互援助がなされるからである。むしろ，セルフヘルプグループでは相互援助に焦点が当てられ強調される。

⑤　セルフヘルプグループの活動は，以下の5つからなる。まず第一は定期的に例会を開き，体験談を語り，体験談を交換する。第二はハイキングなどによる親睦，第三は情報の交換，第四は，権利の擁護である。社会に向けての働きかけで，自分たちのことを理解してもらえるようにしたり，サービスや制度などの改善などを要求する運動である。第五は共同作業所などの運営などである。

⑥　セルフヘルプ運動とは，精神障害者自身による運動をいう。セルフヘルプグループがグループという構造を示しているのに対して，セルフヘルプ運動は機能を示しているともいえよう。しかし，セルフヘルプ運動には含まれるが，セルフヘルプグループの活動にはMAC[1]やDARC[2]は含まれない。

⑦　ソーシャルサポートシステムは，人々の生活を支える。セルフヘルプグループ（Self-Help Group）は，（1）仲間を獲得し，「孤独とさよなら」できる，（2）人格を形成し，（3）市民中心の社会に社会を再編する，といわれている。

2 セルフヘルプグループの概要

セルフヘルプグループの歴史の概要

セルフヘルプグループの歴史を振り返ると,セルフヘルプグループの活動はアメリカ合衆国における公民権運動や障害者の自立生活運動などと深く関係している。

日本におけるセルフヘルプグループの源流は戦前に求めることができるが,セルフヘルプグループとしての独立した組織の結成は,日本患者同盟(1948年)や全国ハンセン氏病患者協議会(1951年),胃摘出した人の無為会(1951年),咽頭摘出した人の銀鈴会(1954年)などにはじまる。

その後,日本においても欧米においても,セルフヘルプグループは量的にも質的にも飛躍的に増大している。たとえば,アメリカ合衆国では,50万のグループがあり,1500万人が参加している,と Newsweek 誌(1990.2.5)は報じている。

最近では,それぞれの地域にセルフヘルプグループの連絡協議会などが組織されている。たとえば,難病団体などは都道府県レベルで組織化され,北海道などでは難病センターが設立されている。さらに,多くのセルフヘルプグループの団体を組織している全国団体として日本患者・家族団体協議会(Japan Patients Council,JPC)がある。また,セルフヘルプグループを支援するセルフヘルプ支援センターなどが設立されている。[3]

セルフヘルプグループの種類と背景

セルフヘルプグループは,多様な方法で類型化できるが,ここでは,メンバーのもっている問題の種類によって類型化しておこう。

① 身体的な病気の人々のためのグループ(ガン,糖尿病,脳卒中などの人々)

② 精神的な病気の人々のためのグループ(神経症やうつ病や統合失調症な

第9章　地域福祉におけるセルフヘルプ運動

どの人々）
③ 依存症や強迫症的な行動を改善する人々のためのグループ（薬物依存症や摂食障害，アルコール依存症，ギャンブラー，児童虐待の親などの人々）
④ 障害者などのグループ（視覚障害や知的障害の人々）
⑤ 人生における危機や変化に対処する人々のためのグループ（離婚や死別した人々）
⑥ 暴力行為などに関連する問題をもつ人のグループ（虐待の被害やレイプ，犯罪や交通事故などの被害を受けた人々）
⑦ 家族などの周囲の人々のグループ（自殺者の友人や家族，死に至る病人を看護している家族，老人を介護する人，障害児の親などの人々）
⑧ 同じような状況と志をもち，なおかつ社会的なサポートを必要とする人のグループ（家族としての機能が破戒されている家族の成人，たとえば，アルコール依存症を家族にもつ成人した人）

3　セルフヘルプとは

　セルフヘルプとは，「セルフ」を「ヘルプ」する運動である。病気や障害などの問題を仲間とともに一緒になって対処する方法である。

セルフとは
　まず，セルフヘルプの「セルフ」であるが，セルフには3つの意味がある。
　1つは，自分たちだけの力によってセルフヘルプを作り上げ促進するという意味である。セルフヘルプグループの設立と運営は，生活上の問題を持っているメンバーによってなされる。加えて，自分のことは自分でするという意味がある。
　第2は，セルフは，私だけではなくて，あなたとともにある私である。私たちの中の私であるという意味である。セルフは，「"私"たち」なのであり，

「私は私だけど，皆と一緒なのである（一般化）。また，皆と一緒だけれど，私は私なのである」を意味する。

第3に，セルフは，主体と客体を同時に意味している。私が私を援助する。"私"たちが"私"たちを援助するのである。したがって，私は，「援助の受け手」でもあり，また同時に「援助の与え手」でもある「プロシューマー」である。プロシューマーという詞は，援助の与え手を示すプロデュサー（援助の生産者）という言葉と，援助の受け手を示すコンシューマー（消費者）という2つの言葉を合体させた言葉である。

ヘルプとは

セルフヘルプの「ヘルプ」は，育み，支援，強化，助けるなどの生き生きした体験に基づいた直接的な援助を言う。自分の体験を語ることなどによる援助である。薬を使ったり，聴診器などの自分以外の資源などを用いることのない援助である。

セルフケアなどとの比較

このように，セルフヘルプはセルフケアのように自己完結的ではなく，社会に広く開かれており，仲間とともに生活上の問題に対処して生きていく方法である。

自分を助け，仲間を助け，両者が同時に自立力を高めるとともに，同時に二人が仲間になって連帯していくことである。訳せば，〈自助―相互援助〉となり，共生である。仲間とともに生きていく方法である。

まさに，地域における市民の生きていく方法であり，地域福祉の理念である。

セルフヘルプの具体例

今，それがどのようになされているのかを具体的にみてみよう。メンバーのAさんがメンバーのBさんに相談する。Aさんは，自分の悩みを語り，相談にのってもらってありがたく思う。「私もかつてそうだった。あなたは特別では

ない」と再保証され、また生きていくモデルをBさんにみる。しかも、問題に対処していく具体的な方法も得られる。

　それに対して、Bさんは、相談を受け、Aさんの悩みに関する自分の体験を語る。「相談を受ける」というよりは自分を生かす機会が与えられたと感謝する。Bさんは、Aさんの相談を受け、Aさんの中に自分をみる。どうしようもない感情に支配されていたかつての自分を発見する。さらに、Aさんの役に立てた喜びも得られる。このようにBさんもまた生きていく力を高める。

　ここには、ヘルパー・セラピーの原理（Helpig You Helps Me）といわれる原理が働いている。この原理は、他者を援助することによって、自分が援助されることである。これを意味する日本語としては「育児は育自」がある。

　しかも、Bさんは、Aさんの中に自分を発見して同一視する。また、AさんもBさんをみて「ああ、自分と一緒だ」と同一視、一体化する。二人にはそれぞれの事情を説明する必要はない。何の説明もしなくてもお互いにわかり合える。二人は仲間になる。

4 セルフヘルプグループでのセルフヘルプの展開の過程

　ここでは、上記のセルフヘルプの具体例を整理しながら、セルフヘルプグループで語られた体験が、グループの中でどのように「分かち合われ」、セルフヘルプを展開していくのかみてみよう。

　図9-1と図9-2をみていただこう。

　ステップ1：Aさんは、自分をはなす。話すは放すである。スピーク・アウトする。「自分を閉ざし、沈黙させていた」体験を思わず話し、また、仲間に語りかける。

　ステップ2：Aさんは、自分の話した体験談を聞き、「ああ、自分がこんなことを体験していたのか」と自分で気づき、発見し、自分の「こころの栄養」にする。

　ステップ3：仲間もまた、体験談を聞き、新しい自分を形成する栄養源にす

図9-1 セルフヘルプのプロセス（その1）

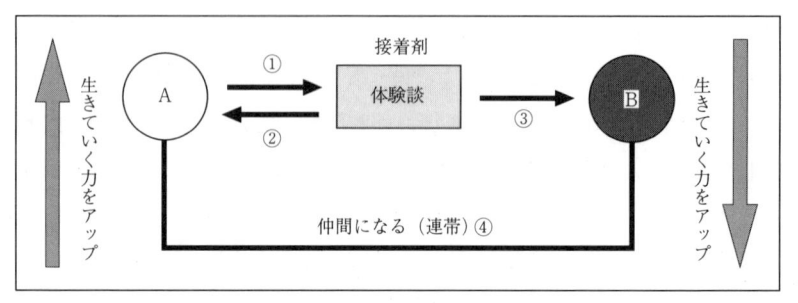

（注）丸数字はステップ（本文参照）を示す。

図9-2 セルフヘルプのプロセス（その2）

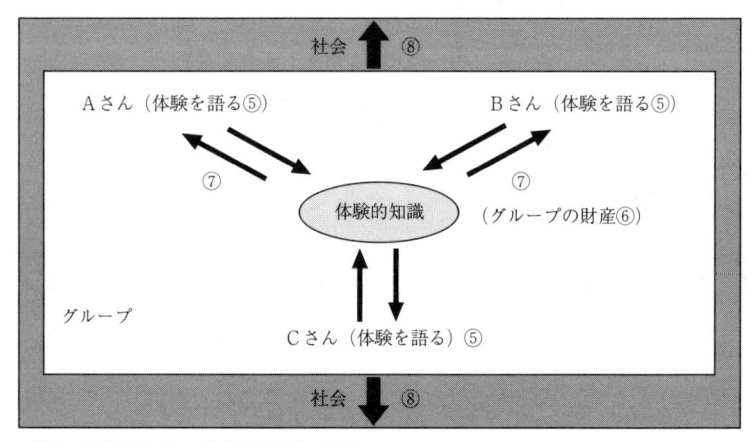

（注）丸数字はステップ（本文参照）を示す。

る。

　ステップ4：仲間たちは，体験談を分かち合い，連帯を強め深める。体験談は，仲間たちを結び合わせ，連帯させる「接着剤」である。したがって，ここで，問題として否定的にみられがちなメンバーの問題は，メンバーとメンバーをつなぐ肯定的なものとして定義しなおされる。なお，このように，セルフヘルプグループでは，ものごとに肯定的な光を当てる考え方（視点）がある。

　ステップ5：しかも，話されて，外に出てきた体験談は，グループの中で突き合わされ，洗練されて，「経験的な知恵」になる。メンバーの個々の財産が

グループの財産になり，体験談（第1の生の物語）が経験的知識（第3の経験的知識）になる。このように集団は固有の文化を形成する。たとえば，自分たちの問題を新しく定義しなおす。同性愛者のグループでは同性愛は病気ではなく，「生活スタイル」であると定義しなおしたのである。

　ステップ6：グループの経験的知識が，グループからグループメンバーに伝達され，メンバーの経験的知識として活用されたり，自分に関する定義を改め，メンバーを解放するのである。たとえば，「ちがうことこそバンザイ」と定義されて，障害者は「ああー，障害があって，人と異なっていてもいいんだ」と自分を解き放すことができる。新しいアイデンティティを形成し，生まれ変わることができるのである。

　ステップ7：それと同時に，グループは，社会の有している自分たちに対する定義や社会の態度に異議を申し立て，サービスの整備などを要求するのである。

　これによれば，セルフヘルプグループとは，病気や障害などの生活上の問題をもっているメンバー同士のセルフヘルプを生み出し推進するために組織され運営されている自立性と継続性を有する活動体である，といえる。

5　精神障害者のために必要なサービス

　それでは，セルフヘルプグループは，地域な地域福祉にとってどのように位置づけられ，さらに，地域や地域福祉にどのような提言を行っているのでしょうか。

　表9-1は，ケアシステムにおける精神障害者のための必要なサービスを示している。図9-3は，表9-1に加えて，友人や近隣などのインフォーマルシステムをも含めた必要な援助を示し，しかも，市民を主人公にして地域を組み立てたものである。

　表9-1をみれば，セルフヘルプは，地域での活動のなかで，生活のなかで選択と主張の継続的な実践（活動）を行い，エンパワーメントする機能を有し

表9-1　ケアシステムにおける欠くことができないクライエントサービス（著者による意訳）

サービスカテゴリー	説　　明	利用した結果
①治療	症状の軽減とストレスの除去	症状の軽減
②危機介入	危機的な問題の解決と管理	個人の安全の保障
③ケースマネージメント	必要か要求しているサービスの獲得	サービスへの接近を容易にする
④リハビリテーション（注1）	クライエントの目的に関連する技術と支援の開発（デベロップ）	役割機能の促進
⑤エンリッチメント（生活を豊かにすること）	充実し，満足な活動への従事	セルフ・デベロップメント
⑥権利の擁護（保護）（注2）	人々の権利を支持するための擁護	機会の均等
⑦ベーシックな生活の支援（基本的な生活）（注3）	生活していくのに基本的に必要とされる人やものや場の提供	基本的で最低の生活の保障
⑧セルフヘルプ	生活の選択と主張の継続的な実践	エンパワーメント

（注）　1：社会生活能力の育成（身辺処理能力・料理や金銭管理などの居住にかかわる能力・職業にかかわる能力・対人関係の形成の能力などでしる。たとえば，病院から援護寮などでの生活訓練を経てアパート生活をはじめるなどである）
　　　　2：アドボカシーには，セルフアドボカシー，市民のアドボカシー，専門職のアドボカシーなどがある。それぞれのアドボカシーは，①誰がアドボケイト（自分，専門職，法律家，市民，集団）で，②何をアドボカシーするのか（個人の権利，法律，制度など），③どのような方法（自分で主張して，法律を使って，パートナーとして）によって，それぞれに呼ばれている。たとえば，セルフアドボカシーは，自分で自分を表現し，主張し，自己の権利の擁護を具体的に進めることなどである。セルフアドボカシーを行うことによって，自分の体験を自分のものにでき，自分の体験に意見をもてるようになる。また，自分の体験に意見をもてるようになることによってセルフアドボカシーができる。
　　　　3：これには，住居（注1とは異なり，住むための住居）や生活費，給食，義務教育などの提供とサービスがある。
（出典）　Anthony, W.：Recovery From Mental Illness, Psychosocial Rehabilitation Journal, 16-4, 1993.

ているとされている。

6　セルフヘルプ運動

　セルフヘルプ運動には，5つの運動がある。第1が対処技術の強化，第2が相互援助，第3がネットワークの拡大，第4がオルタナティブ，第5がアドボカシーである。
　セルフヘルプ運動は，自分たちが自分たちの人生や社会の主人公である。し

第 9 章　地域福祉におけるセルフヘルプ運動

図 9-3　精神障害者を中心にした地域支援システムの枠組み

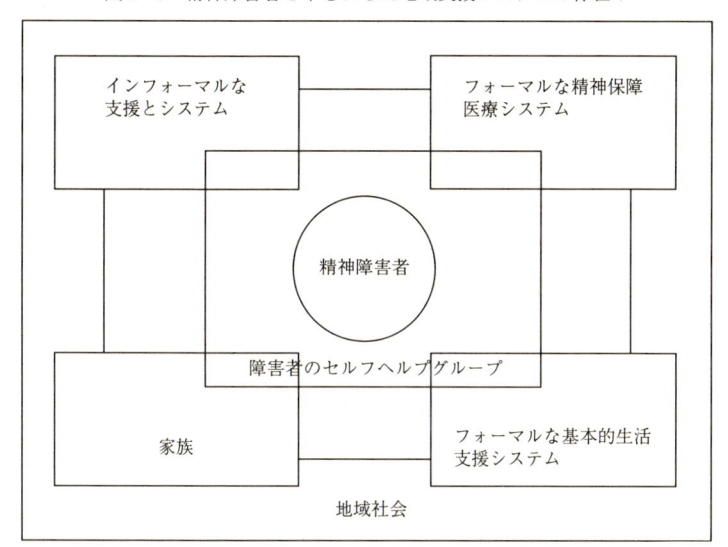

```
┌─────────────────────────────────────────────┐
│  ┌──────────────┐    ┌──────────────┐       │
│  │ インフォーマルな │    │ フォーマルな精神保障 │       │
│  │ 支援とシステム  │    │ 医療システム    │       │
│  └──────────────┘    └──────────────┘       │
│         ┌──────────────────┐                │
│         │                  │                │
│         │   ( 精神障害者 )   │                │
│         │                  │                │
│         │ 障害者のセルフヘルプグループ │        │
│  ┌──────────────┐    ┌──────────────┐       │
│  │              │    │ フォーマルな基本的生活 │       │
│  │    家族       │    │ 支援システム     │       │
│  └──────────────┘    └──────────────┘       │
│                    地域社会                  │
└─────────────────────────────────────────────┘
```

図 9-4　セルフヘルプ運動・市民を主人公にした社会の再構成（5つの仲間の輪）

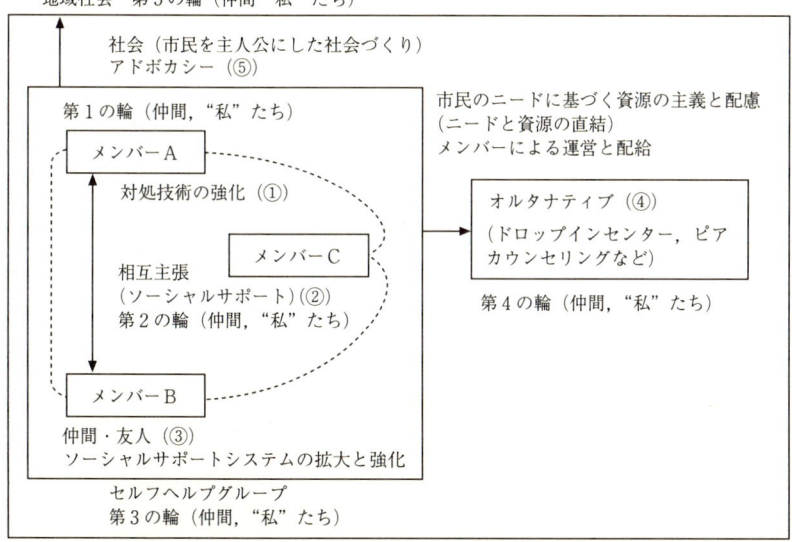

地域社会　第5の輪（仲間 "私" たち）

　　社会（市民を主人公にした社会づくり）
　　アドボカシー（⑤）

第1の輪（仲間, "私" たち）

　メンバー A
　　対処技術の強化（①）

　　　　メンバー C

　相互主張
　（ソーシャルサポート）（②）
　第2の輪（仲間, "私" たち）

　メンバー B

仲間・友人（③）
ソーシャルサポートシステムの拡大と強化

セルフヘルプグループ
　第3の輪（仲間, "私" たち）

市民のニードに基づく資源の主義と配慮
（ニードと資源の直結）
メンバーによる運営と配給

オルタナティブ（④）
（ドロップインセンター，ピアカウンセリングなど）

第4の輪（仲間, "私" たち）

（注）丸数字は，セルフヘルプ運動の5つの機能（本文参照）を示す。

表9-2　メンバーにとってのセルフヘルプグループの機能

A）自己の回復に関する項目	ア）病気にかかわる項目（病気および病者）	①病気などに対処できるようになった	◇
		②自分の病気を受け入れられるようになった	◇◇
		③精神病に対するイメージが変化した	◆
	イ）自分にかかわる項目（生活者）	①自分自身に対するイメージが変化した	◆◆
		②自分で選んで人生を生きていけるようになった	◆◆
		③生きがいや喜びを得られるようになった	◇
	ウ）生活の管理などにかかわる項目（生活）	①生活していくうえで必要な資源を活用できるようになった	◇
		②自分らしい生活を営めるようになった	◆
		③趣味を広げ深められるようになった	◇
B）相互援助に関する項目	ア）相互援助にかかわる項目	①困った時にうまく対処する方法を仲間に伝えた（与え手）	◆
		②仲間の日常生活（見舞いなど）を支援した（与え手）	◇
		③病気に関する知識を仲間から聞いたり教えてもらった（受け手）	◇
		④仲間から日常生活上の援助や支援を受けた（受け手）	
	イ）帰属感にかかわる項目	①「自分ひとりではない」と感じられて孤独感を解消できた	◇◇
		②仲間意識を得て安全と思えた	◆◆
C）ネットワークの拡大に関する項目		①この病気をもちながら生きて行くモデルを得られた	◆◆
		②なんでも自由に話せる友だちを得られた	◆◆
		③買い物などで一緒に過ごせる友人を得ることができた	◇
D）オルタナティブに関する項目		①気楽に行ける場所（共同作業所など）を確保しようとした	◇◇
		②病気や生活に関する相談所などの場を確保しようとした	◇
E）社会や医療の改革に関する項目	ア）医療の改革に関する項目	①病名や薬などの告知が必ず行われるよう要求できた	◇
		②医療従事者などの態度の改善を求めるようにした	
		③利用者が主導権をにぎる医療制度の改善に努力した	◆
	イ）社会の改革に関する項目	①自分たちに対する社会の態度を変えようとした	◇
		②自分たちを取り巻く社会のあり方の改善に努力した	◆

（注）◇の印は，高い数値（回答が多いという意味）。◇◇の印は，非常に高い数値，◆の印は，低い数値。◆◆の印は，非常に低い数値，無印は普通の数値である。

第 9 章 地域福祉におけるセルフヘルプ運動

表 9-3 ボランティアなどの市民と専門職などの援助の特徴の比較

	隣人　セルフヘルパー　ボランティア　ホームヘルパー　専門職		
1	インフォーマル	フォーマル（形式的制度的）	1
2	自分を発見して	育成される	2
3	自由な意思で	意図的で計画的に	3
4	自分なりのこだわりで	専門職の価値にもとづいて	4
5	市民の常識と直感で（市民性）	専門性	5
6	体験的な知識にもとづいて	理論的な知識にもとづいて	6
7	参加して、自由に行う	観察，評価を重視して行う	7
8	即席の自由な自分なりの	標準を重視して	8
9	循環的な関係	一方的な関係	9
10	過程（関係）を重視して	結果（立場）を重視して	10
11	多角的に	独断的に	11
12	全体的に	部分的に	12
13	精神的で具体的な支援	具体的な課題の達成を	13
14	無償性	有償性	14
15	日常場面で	前提された非日常場面で	15
16	時間の設定および制限なし	あらかじめ時間を定めしかも制限して	16
17	地域の中で	地域に向けて	17
18	実践そのもの	理論化を指向した	18
19	個別化	一般化	19

たがって，自分たちのニーズにもとづいて社会を組立なおそうとしている。それらを図示したのが，図 9-4 である。

このように考えると，セルフヘルプ運動は，私たち専門職が考えるような表 9-1 の中のひとつの資源ではないことがわかる。セルフヘルプ運動は，①自分たちで自分たちの援助（オルタナティブ）を作り出し，②表 9-1 のなかの一つひとつのサービスを変え，③しかも，援助の枠組み全体を作り変え，④市民を中心にした社会に作り変えようとしている。当然，これらには，専門職と専門職の援助も含まれていて，専門職も問われている（表 9-2）。

このようにしてみてくると，セルフヘルプ運動などは，ボランティア活動などと同じように社会を再編する「市民による市民のための」市民運動といえよう。

なお，表 9-3 は，セルフヘルパーなどと専門職などの援助の特徴を比較したものである。

7 セルフヘルプグループにおける相互援助

今、セルフヘルプなどを社会などとの関連で述べてきた。次に、セルフヘルプ運動のひとつである相互援助が、セルフヘルプグループにおいてどのように展開され、グループを発展させているのかをみてみよう。

① 仲間性の強化

図9-5をみていただこう。Aさんは、「自分は癒されたので、今度は、仲間の助けになって御恩のお返しをしたい」などが動機となって、Gさんとセルフヘルプする。Aさんは、Gさんの苦しい体験を聴き、自分のセルフヘルプの体験とその喜びを語る。そして、AさんとGさんの二人は、仲間になる。このようにして、メンバー同士は、セルフヘルプグループ内でセルフヘルプを展開し、仲間性を強め深める。

② 仲間の拡大

さらに、Aさんは、同じ問題を抱えているが、セルフヘルプグループの未だメンバーではない人々に自分を体験を語る。例えば、セルフヘルプグループに入会し、「自分だけが」と思って孤独であったが、仲間を得て、孤独とさよならできた、などである。このようにして、仲間を増やす。まるで雪だるまのようにセルフヘルプグループという雪だるまを転がして雪だるまに雪（新しい仲間）を取り込んでいくのである。

③ プロシューマの生産と拡大

セルフヘルプグループのメンバーは、2つの点でプロシューマーである。第1は、すでにみてきたように、セルフヘルプにおいてである。Aさんは、「援助の受け手」であると同時に「援助の与え手」でもある。第2には、今は、援助の受け手になって援助を受け、次には、御恩のお返しにセルフヘルプを運び伝達する「援助の与え手」になるのである。

④ ソーシャルサポートシステムの強化と拡大

このように、メンバーは、主体性と対等性を得られ、さらに、相互援助を活

第⑨章 地域福祉におけるセルフヘルプ運動

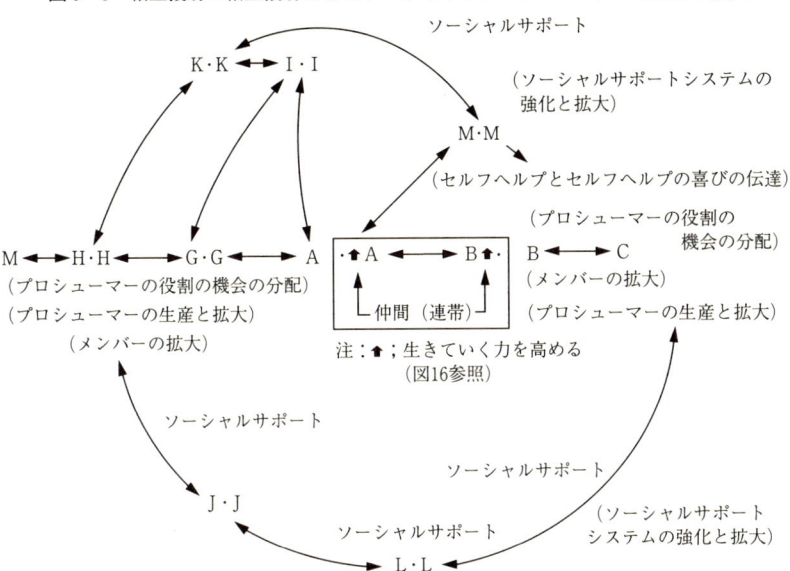

図9-5 相互援助と相互援助によるソーシャルサポート・システムの強化と拡大

発化させ，セルフヘルプ運動を展開する。援助の受け手がプロシューマーに展開され，援助者を生産する。また，仲間を増やし，グループを拡大する。セルフヘルプグループという雪だるまが運動を展開しどんどん大きくなり，しかも，ソーシャルサポートシステムを強化する。

このようにして，セルフヘルプグループは共同体を形成する。これを読み替えれば，地域社会における市民参加，市民同士の相互援助，共生，地域社会の生き生きした展開として読み取ることができる。

8 セルフヘルプがなされる要件

上記の相互援助などのセルフヘルプ運動が成り立つには，いくつかの要件がある。

第一の要件は，メンバーの主体性である。メンバーは，自分のために活動するのである。第二の要件は，メンバー同士の対等性である。メンバー同士が対

等である必要である。第三点は，メンバー同士でなされるのは体験談の交換である。自分の生命である体験を交換するのである。第四点は，安心できて安全な場の確保である。自分の体験を自由にはなせる場が必要である。第五点は，グループの独立性と自立性の確保である。第六点は，メンバを個別化できる人数（20人以下），などである。

　上記は，メンバー同士がセルフヘルプできる要件でもあり，言い換えれば，セルフヘルプグループがセルフヘルプグループであるための要件でもある。

　さらに，セルフヘルプグループを地域に読み替えれば，上記の要件は，地域が地域になるための要件である。

9 セルフヘルプグループに参加したAさんの物語

　最後に，セルフヘルプグループに参加した精神障害者の家族のAさんの体験記を紹介しておこう。

　Aさんは，夫と長男と次男の4人で暮らす50歳の母親である。長男は，在学中の20歳の時に発病した。当初，学校にも行かなくなり，家でゴロゴロしているし，独語もするし，おかしいなあと思っていた。怠けているのではと思って叱ったり，心配もした。近所からは「親らしくしてください」と苦情がくるし，冷たい視線も投げかけられ，辛かった。

　その後，家族だけではどうにもならなくなり，病院に受診したら精神病と言われ，「自分が手塩をかけて育ててきた子どもが病気になるなんて」とショックを受け，「何がなんだかわからず」に困惑した。

　そして，「これは病気だから病院にお任せするしかない」と考えて，病院におまかせした。しかしながら，息子の病気は良くならず，その後も何度か入院もした。もうどうにもならないとあきらめて絶望している時に，病院で知り合ったBさんに誘われて家族会に入会した。

第 9 章 地域福祉におけるセルフヘルプ運動

家族会では

家族会では，私だけではなかった。皆一緒なんですよ。たとえば，「私の育て方が悪かったのではないかという罪の意識」「病気の長男に一生懸命になって，次男を見てやらなかった後悔」などについて皆が自分を責め，罪の意識をもっている。「みんな一緒なんだ」と思えて気持ちが楽になった。自分が悪いのではないか。自分が間違っていたのではないかと自分を追い込む。でも，誰にも言えない。自分の心を閉じ，自分を孤立させる。

しかし，家族会に来て，自分のそんな気持ちを言葉にして出せて，そして聞いてもらえるだけでもありがたいのに「私もそうよ」と声をかけてもらえて涙があふれた。凍っていた心がほぐれて，自由になれたと思う。本当の自分の気持ちを話せる，話してもいいんだと確信できた。そして，心の中にあった漠然とした大きな悩みが少しずつはっきりした形であらわれてきた。具体的な姿となってきた悩みをあたかも泥んこ遊びのように手のひらでゆっくりと丸め，さらに形あるものにしたという。これからは，その丸められた魂と一緒に生きていけるという。

また，「精神障害をもつ人の家族」に対する考え方も変化してきた。今までは「自分で自分のことを子どもを精神障害にした悪い親であり，子どもを社会復帰させる責任がある」と思ってきたが，今では「いろんな要素が絡み合ってたまたま病気になったのである。誰かが何処かが責任をとるという問題ではない」と考えられるようになった。

家族会を通して

さらに，CさんやDさんなどの多くの家族の人々と友人になれて，一緒に買い物などに行ったりできるようになった。

Cさんの子どもさんと接すると，客観的に冷静に接せられ，長所もみえるし，大丈夫かなと心配しつつも，「まあ，やってみたら」と任せられるし，見守れる。それをCさんに話すとCさんもそうやとおっしゃる。そして，私は，Cさんに「時々，Cさんの子どもさんと接せさせてもらって，親になる練習をさせ

てくださいね」とお願いしたという。

　最近，家族の役割について考えるが，精神障害をもっている人は，自分の病気であるので第一に病気をなんとかできる人であり，家族といえども医療従事者などと一緒になってそれを支援することしかできないのではないかと思うようになった。そう考えると，心が楽になった。以前は，子どもが社会復帰するまでは死ぬにも死ねないと思っていたが，今では，できるだけのことをしよう。後は，社会にお任せしようと自然に思えるようになった。今は，家族会の例会が楽しみでしかたがないという。

　注
(1)　ダルク（DARC）とは，NA（薬物依存症者のセルフヘルプグループ）のプログラムに基づいて活動している「薬物依存から回復したいという」薬物依存症者のリハビリテーションセンターである。薬物依存症者によって設立され運営されている。
(2)　マック（MAC）とは，メリノールアルコールセンターの略称である。AAの方法に基づいて運営されているアルコール依存症者のためのリハビリテーションセンターである。アルコール依存症者によって設立され運営されている。
(3)　セルフヘルプ支援センターは，欧米では大活躍である。日本では，大阪セルフヘルプ支援センターが古く，セルフヘルプグループの設立や運営などの支援を行っている。

第10章

地域福祉計画

　他章でも述べられているが，社会福祉全体に共通する基本事項を定めた社会福祉事業法は2000年6月に改正され，法律名も新しく社会福祉法と改称された。この社会福祉法は社会福祉サービスの利用者の尊厳性を守ることが社会福祉の主旨であることを明示し，法律の内容もその主旨にそって大きく改正された。この改正のなかで新しく規定されたことの一つが地域福祉計画の策定であった。

　それまでも，地方自治体のなかには地域福祉計画を策定していたところもあったし，多くの社会福祉協議会は「地域福祉活動計画」を策定し，長期的な視点に立って地域福祉活動を進めてきていた。また，社会福祉援助技術の体系としても当初から「社会福祉計画法」が位置づけられていたし，社会福祉分野においても計画に関する関心は高かった。

　このような状況を背景にして，本章ではこのたび法制化された地域福祉計画はもとより，その他の福祉計画も視野に入れて，地域福祉推進における計画の意義とこれからの課題を論じることにする。

1　地域福祉計画の展開と背景

社会福祉における計画の展開

　社会福祉における計画とは5年，あるいは10年といった長期的な視点に立って社会福祉の問題を分析し，計画的にそれらへの取り組みをすすめていこうとするものである。たとえば，国のレベルの計画であるが，古くは1971～75年に

実施された「社会福祉施設整備5か年計画」があった。また，1980年には国際障害者年行動計画が策定された。

　しかし，社会福祉の領域でいち早く計画の重要性に気づき，積極的に取り組んだのは民間団体である社会福祉協議会である。全国社会福祉協議会は1984年に『地域福祉計画――理論と方法』を出版し，地域福祉計画の必要性とその方法を明らかにした。その後，行政の福祉計画においても地域福祉計画という用語が使われるようになった（たとえば，大阪府は1983年に「大阪府地域福祉推進計画」（ファインプラン）を策定した）ので，民間の立場で社会福祉協議会が策定する計画は「地域福祉活動計画」と呼ばれるようになり，多くの社会福祉協議会がこの計画を策定した。

　1989年には「高齢者保健福祉推進10か年戦略」（ゴールドプラン）が発表され，10年後を目途としたサービスの整備計画が発表された。これは大まかな目標を示した，どちらかといえば大ざっぱなサービス整備計画であったが，それを実現にこぎ着けるという意味もあって，1990年代になると，まず老人保健福祉計画の策定が都道府県と市町村に義務づけられた。この計画はゴールドプラントは異なって，確かなニーズ調査をもとにして目標年度のニーズ量を予測し，具体的なサービス目標を設定するという本格的な社会福祉計画であった。これを端緒にして，その後他分野の社会福祉行政においても計画が重視されるようになった。すなわち，1993年には「児童育成計画」（エンゼルプラン），1995年の障害者プラン（ノーマライゼーション七か年戦略）の策定が打ち出された。その後，介護保険制度が実施されることになり，「市町村には「介護保険事業計画」，都道府県には「介護保険支援計画」の策定が義務づけられた。さらに，先にも述べたように，社会福祉法の規定により，2003年度からは市町村は「地域福祉計画」，都道府県は「地域福祉支援計画」を策定することになったのである。このように，1990年代以降は社会福祉の各分野で計画の策定が行われることとなったのである。

第10章 地域福祉計画

社会福祉計画の背景

　上記のように，社会福祉計画は行政においても，民間団体の社会福祉協議会においても古くからの取り組みであったのであるが，とくに行政において1990年代より主要な課題になった背景としては，本書の他章でも言及されているところであるが，社会福祉問題と社会福祉に対する考え方が時代とともに大きく変化してきたことが考えられる。

　それらは，たとえば次のような点である。

① 社会福祉における貧困問題の比重の低下とケアニーズ（対人福祉サービスへのニーズ）の増大。
② 所得階層を越えたケアニーズの拡大。
③ サービス量拡大の必要性。
④ ニーズの重度化，複雑化。
⑤ 専門的対応の必要性とその要望。

これらの変化に対応して社会福祉に対する考え方＝理念も大きく変化した。たとえば，

① 施設福祉中心から在宅福祉中心の考え方へ。
② 国家依存の福祉から地域福祉重視の福祉へ。
③ 弱者救済・保護中心の福祉（パターナリズム）から自立支援の福祉（エンパワメント）へ。
④ 行政による措置から利用者自身による選択を重視する福祉へ。
⑤ 公的部門（国，都道府県，市町村）中心のサービス提供から多様な主体が参入するサービス提供へ（福祉のプライバタイゼーション）。
⑥ サービス提供者としての公的部門からイネイブラー（enabler）としての公的部門へ

等々である。

　また，1990年代の社会福祉計画のはしりである老人保健福祉計画では老人保健計画と老人福祉計画を一体のものとして策定するものとされたが，この時期には，とくに高齢者の介護において保健，医療，福祉の連携が不可欠のものと

なり，多職種協働（パートナーシップ）が現実のものとなったことも重要である。

　社会福祉のこのような動向を背景として，とくに高齢者の保健，介護，福祉のニーズの拡大が確実に予測されていたことも相まって，単年度のいわば行き当たりばったりの対応ではなく，ニーズの拡大を5年，10年と長期的な視野で予測し，計画的な対応が必要とされたのである。

2　地域福祉計画の内容

社会福祉法と地域福祉

　先にも述べたように，社会福祉法に地域福祉計画の策定が規定される以前においても，多くの地方自治体や社会福祉協議会において地域福祉計画が策定されてきた。しかし，地域福祉は，老人福祉や児童福祉，障害者福祉のように特定の人々を対象とした福祉ではないし，また地域福祉の法律や地域福祉の法的規定もなかったので，それらに比べると概念的にもかなり未成熟であり，あいまいであった。したがって，地域福祉をどのように規定するかで，計画の内容もかなり不揃いになりがちであった。

　しかし，このたび，社会福祉法に地域福祉が規定され，地域福祉計画の内容についても示されたので，求められている地域福祉と地域福祉計画の内容は以前に比べるとかなり明確になったと思われる。

　それでは，まず社会福祉法で地域福祉がどのように規定されているかを見てみる。

　社会福祉法第1条はこの法律の目的を定めた条項であるが，次のように定められている。

　　　この法律は，社会福祉を目的とする事業の全分野における共通的基本的事項を定め，社会福祉を目的とする他の法律と相まって，福祉サービスの利用者の利益の保護及び地域における社会福祉（以下「地域福祉」という。）の推進を図るとともに，社会福祉事業の公明かつ適正な実施の確保

及び社会福祉を目的とする事業の健全な発達を図り，もって社会福祉の増進に資することを目的とする。

みられるように，この条文から単純に解釈すると，地域福祉とは地域における社会福祉ということになるであろう。

また，同法第4条は地域福祉の推進という条項であるが，ここにも地域福祉という言葉が出てくる。

> 地域住民，社会福祉を目的とする事業を経営する者及び社会福祉に関する活動を行う者は，相互に協力し，福祉サービスを必要とする地域住民が地域社会を構成する一員として日常生活を営み，社会，経済，文化その他あらゆる分野の活動に参加する機会が与えられるように，地域福祉の推進に努めなければならない。

ここには，地域福祉の担い手は誰か，対象は誰か，そして地域福祉の目標が規定されている。すなわち，この条文によると，

① 地域福祉の担い手は，(1)地域住民，(2)社会福祉を目的とする事業を経営する者，(3)社会福祉に関する活動を行う者である。
② 地域福祉の対象は，福祉サービスを必要とする地域住民である。福祉サービスとは，あまり明確ではないが，地域福祉の担い手による生活の支援程度の意味で，かなり広い意味の支援だと推測される。
③ 地域福祉の目標は，福祉サービスを必要とする地域住民が地域社会を構成する一員として日常生活を営み，社会，経済，文化その他あらゆる分野の活動に参加する機会が与えられるようにすることである。以下のことは条文には明記されていないが，そのための活動は，(1)福祉サービスを必要とする地域住民を直接援助すること。たとえば，ケアワークによる援助や個別的なソーシャルワークによる援助が含まれるであろう。(2)地域社会を改革すること。たとえば，コミュニティワークによる地域ネットワークづくりや住民の福祉活動の育成，社会福祉制度の改革などが含まれるであろう。

社会福祉法と地域福祉計画

　それでは，次に今回新たに社会福祉法に規定された地域福祉計画の条文を見てみる。地域福祉計画は社会福祉法第107条と第108条に規定してあり，2003（平成15）年度から実施される。それよると，地域福祉計画には2つのものがあり，一つは「市町村地域福祉計画」であり，もう一つは「都道府県地域福祉支援計画」である。地域福祉計画は地域を基盤にして策定されるものであるので，市町村地域福祉計画が中心で，都道府県地域福祉計画は，その策定や実施を手助けする計画である。

　まず，第107条には市町村地域福祉計画が次のように規定されている。

　　市町村は，地方自治法第2条第4項の基本構想に即し，地域福祉の推進に関する事項として次に掲げる事項を一体的に定める計画（以下「市町村地域福祉計画」という。）を策定し，又は変更しようとするときは，あらかじめ，住民，社会福祉を目的とする事業を経営する者その他社会福祉に関する活動を行う者の意見を反映させるために必要な措置を講ずるとともに，その内容を公表するものとする。
　　一　地域における福祉サービスの適切な利用の推進に関する事項
　　二　地域における社会福祉を目的とする事業の健全な発達に関する事項
　　三　地域福祉に関する活動への住民の参加の促進に関する事項

　また，第108条には都道府県地域福祉支援計画が次のように規定されている。

　　都道府県は，市町村地域福祉計画の達成に資するために，各市町村を通ずる広域的な見地から，市町村の地域福祉の支援に関する事項として次に掲げる事項を一体的に定める計画（以下「都道府県地域福祉支援計画」という。）を策定し，又は変更しようとするときは，あらかじめ，公聴会の開催等住民その他の者の意見を反映させるために必要な措置を講ずるとともに，その内容を公表するものとする。
　　一　市町村の地域福祉の推進を支援するための基本的方針に関する事項
　　二　社会福祉を目的とする事業に従事する者の確保又は資質の向上に関する事項

三　福祉サービスの適切な利用の推進及び社会福祉を目的とする事業の健全な発達のための基盤整備に関する事項

社会福祉法には以上のような規定がされ、先にも述べたように2003年度から実施されることになった。したがって、これまで、「地域福祉計画」という言葉は、法律にとらわれることなく比較的自由に使われてきたが、今後、この用語は社会福祉法に規定されている地域福祉計画に限定されて使用されることになる。

地域福祉計画の理念、内容、作成方法

社会福祉法における地域福祉計画の規定を受けて、市町村と都道府県が地域福祉計画や地域福祉支援計画を作成するのを手助けする意味で、社会保障審議会福祉部会は2002年1月に『市町村地域福祉計画及び都道府県地域福祉計画支援計画策定指針の在り方について（一人ひとりの地域住民への訴え）』（以下、指針という）を発表した。この文書は地域福祉計画の理念や内容、策定方法などについてかなり具体的に示したものである。以下、この指針を参考にして地域福祉計画の理念、内容、作成方法について述べていく。

① 理念と目標

この指針は今後の地域福祉推進の理念として、(1)住民参加の必要性、(2)共に生きる社会づくり、(3)男女共同参画、(4)福祉文化の創造をあげており、地域福祉計画策定においてもこれらの理念は重視されるべきである。

また、地域福祉推進の基本目標としては、(1)生活課題の達成への住民等の積極的参加、(2)利用者主体のサービスの実現、(3)サービスの総合化の確立、(4)生活関連分野との連携をあげており、これらも計画策定の上でも重視すべき目標である。

② 市町村地域福祉計画

この指針は、先に示した社会福祉法の地域福祉計画に盛り込むべき内容をより具体的に示している。

まず、「地域における福祉サービスの適切な利用の促進に関する事項」につ

いては次のようなポイントが示されている。
- (1) 地域における福祉サービスの目標の提示
- (2) 福祉サービスを必要とする地域住民に対する相談支援体制の整備
- (3) 要支援者が必要なサービスを利用することができるための仕組みの確立（ケアマネジメント，ソーシャルワーク体制の整備等）
- (4) サービス利用に結びついていない要支援者への対応
- (5) 利用者の権利擁護（地域福祉権利擁護事業，苦情解決制度等）

次に，「地域における社会福祉を目的とする事業の健全な発達に関する事項」については，
- (1) 社会福祉を目的とする多様なサービスの振興・参入促進及びこれらと公的サービスの連携による公私協働の実現
- (2) 福祉，保健，医療と生活に関連する他分野との連携方策

が示されている。

さらに，「地域福祉に関する活動への住民の参加の促進に関する事項」については，
- (1) 地域住民，ボランティア団体，ＮＰＯ法人等の社会福祉活動への支援
- (2) 住民等による問題関心の共有化への動機づけと意識の向上，地域福祉推進への主体的参加の促進
- (3) 地域福祉を推進する人材の養成

となる。

市町村地域福祉計画に求められる内容は以上であるが，社会福祉法第107条に規定してあるように，その策定には次のような留意が必要である。
- (1) 市町村の基本計画に即していること。
- (2) 地域住民等の意見を反映させるのに必要な措置をすること。
- (3) 計画を公表すること。

③ 都道府県地域福祉支援計画

先の指針は，社会福祉法の地域福祉支援計画に盛り込むべき内容もより具体的に示している。

まず,「市町村の地域福祉の推進を支援するための基本的方針に関する事項」では,
 (1) 市町村に対する支援
 (2) 市町村が実施する広域事業に対する支援
 (3) 都道府県管内の福祉サービスに関する情報の収集及び提供システムの構築
である。
 次に「社会福祉を目的とする事業に従事する者の確保又は資質の向上に関する事項」では,
 (1) 社会福祉に従事する者を確保するための養成研修
 (2) 社会福祉に従事する者の知識・技術向上のための研修
が取り上げられている。
 さらに,「福祉サービスの適切な利用の推進及び社会福祉を目的とする事業の健全な発達のための基盤整備に関する事項」では,
 (1) 市町村が実施する福祉サービスの相談支援体制及び供給体制の確立のための基盤整備の促進等
が示されている。
 都道府県地域福祉支援計画に求められる内容は以上であるが,社会福祉法第108条に規定してあるように,その策定には次のような留意が必要である。
 (1) 公聴会等を開催して住民等の意見を反映させること
 (2) 計画を公表すること

地域福祉計画の策定方法
① 計画策定の援助技術
 社会福祉の援助技術はソーシャルワークである。この援助技術には個人を対象としケースワーク(個別援助技術),グループを対象としたグループワーク(集団援助技術)などがあるが,地域福祉に深くかかわっているのはコミュニティワーク(地域援助技術)である。このコミュニティワークにおいても計画

図10-1 計画のサイクル

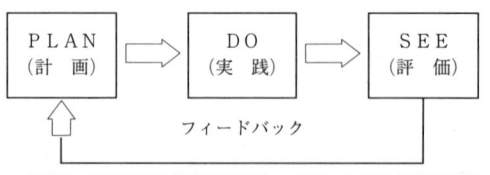

```
┌─────────┐    ┌─────────┐    ┌─────────┐
│ PLAN    │ ⇒  │  DO     │ ⇒  │  SEE    │
│ (計画)  │    │ (実践)  │    │ (評価)  │
└─────────┘    └─────────┘    └─────────┘
     ⇧              フィードバック
```

(出所)「地域福祉活動計画策定の手引」全国社会福祉協議会,1992年,22頁。

を策定する技術が用いられるが,それとは別に,ソーシャル(ウェルフェア)・プランニング(社会福祉計画法)という援助技術もある。なお,両者は基本的には同じものと考えても差し支えない。

しかし,社会福祉計画法は社会福祉援助技術の一つに位置づけられてはいるが,ケースワークやグループワークと同じようなレベルまで体系化はされておらず,まだまだ未熟な段階にとどまっており,実際の計画策定は手探りの状態で行われているのが現状である。

② 計画策定のプロセス

一般に,計画策定のプロセスは,図10-1に示しているように,計画(PLAN)→実践(DO)→評価(SEE)の取り組みをくり返すプロセスと考えられている。[1]つまり,計画を策定して,それを実際にやってみて,結果を評価し,またその評価をもとに計画を作成しなおすことが必要だということである。いい換えると,策定された計画は絶対的なものではなく,常にモニタリング(見守り)を必要とし,必要に応じて見直すべきものなのである。

このように,計画策定の技術というものは単に計画を策定するだけのものではなく,策定された計画の実施やその後の評価,見直しにも責任を有するものであるが,とりあえずは計画を策定することが直接的な課題となる。そこで,地域福祉活動計画ではあるが,その具体的な策定手順として次のようなプロセスが示されている。[2]

(1) 開始当初の段階

(2) 組織づくりの段階

(3) 現状把握・課題整理の段階

第 10 章 地域福祉計画

(4) 基本目標・基本計画づくりの段階
(5) 実施計画づくりの段階
(6) 計画決定の段階
(7) 広報・啓発
(8) 実践・評価

　これを図示したものが図 10 - 2 である。ここには，それぞれの段階で取り組むべき課題も同時に示されている。これらの課題をきっちりと実施することが基本であり，重要なのは当然ではあるが，その際の留意点についてもいくつか示しておく。

　まず，地域福祉計画の策定は個人的に行う仕事ではなく，組織として取り組む仕事なので，計画策定に取り組む前に組織としての合意を取りつけておくことが必要である。すなわち，上司や他の職員の合意形成が必要なのである。地域福祉計画ではそれらの人々の協力が不可欠だからである。これは図 10 - 2 でいえばステップ 1 の段階での取り組みである。

　ふつう，地域福祉計画を策定するためには図 10 - 2 のステップ 2 にも示されているように「計画策定委員会」が任命される。これは，通常，地域福祉にかかわっている各種団体（その中には，福祉施設，福祉団体，住民団体などが含まれる）の役員や関係行政部門の代表者などから構成される。その任務は，計画策定の実際的な取り組みや作成される計画の素案などについて広い視点から意見を述べることと，計画案を最終的に承認することである。

　具体的な策定過程でどのような取り組みをするかの方向性を議論したり，実際に策定に必要な作業，たとえばニーズ調査を実施したり，地域住民の意識をヒアリングを行ったり，計画案を作成するために実働部隊ともいえる「作業委員会」が任命されることもある。その場合は，計画策定の実務はここで行われることになる。この作業委員会は行政や社会福祉協議会の職員が任命される場合もあるが，それ以外の民間の社会福祉施設の職員，大学の社会福祉研究者や大学院生などが任命される場合もある。

　どちらの委員にしてもその選任は重要である。すなわち，地域福祉に関心が

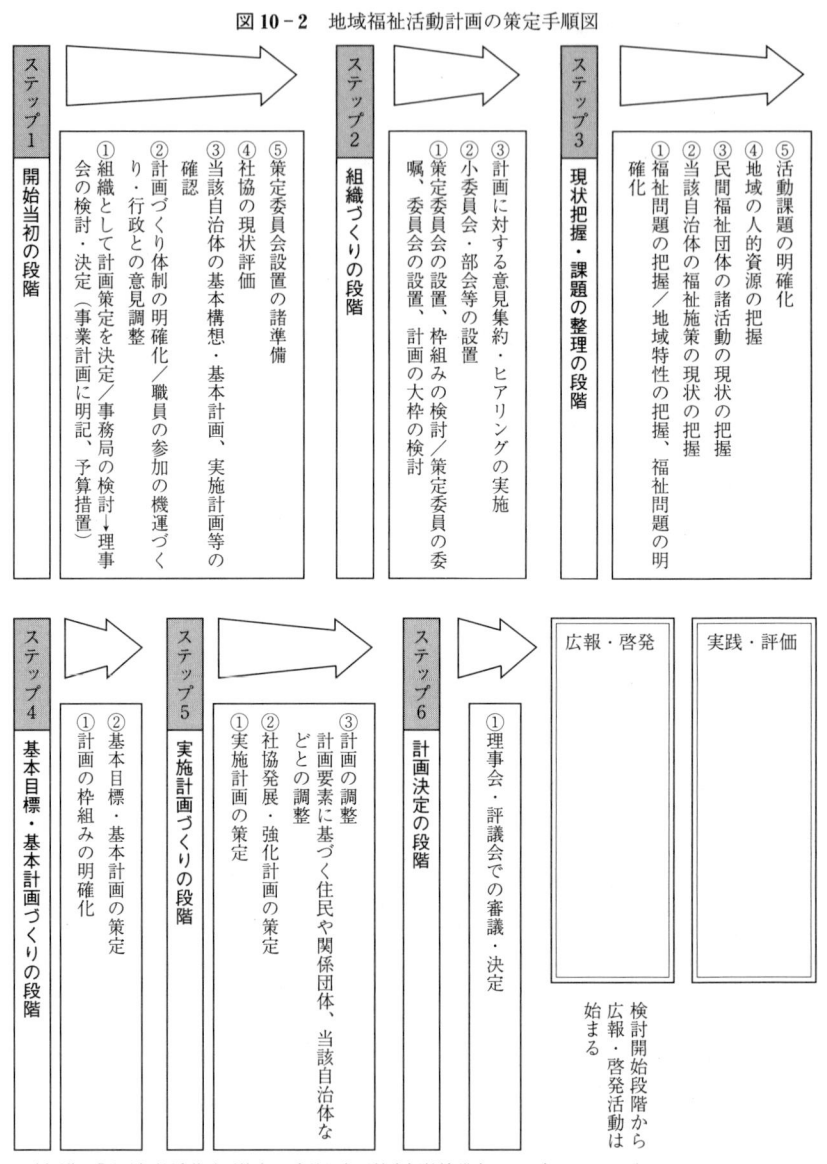

図10-2 地域福祉活動計画の策定手順図

ステップ1 開始当初の段階
① 計画づくり体制の明確化/職員の参加の機運づくり・行政との意見調整
② 組織として計画策定を決定／事務局の検討・決定（事業計画に明記、予算措置）→理事会の検討・決定
③ 当該自治体の現状、基本構想・基本計画、実施計画等の確認
④ 社協の現状評価
⑤ 策定委員会設置の諸準備

ステップ2 組織づくりの段階
① 策定委員会の設置、部会の設置
② 小委員会の設置、枠組みの検討／策定委員の委嘱、委員会の設置、計画の大枠の検討
③ 計画に対する意見集約・ヒアリングの実施

ステップ3 現状把握・課題の整理の段階
① 福祉問題の把握／地域特性の把握、福祉問題の明確化
② 当該自治体の福祉施策の現状の把握
③ 民間福祉団体の諸活動の現状の把握
④ 地域の人的資源の把握
⑤ 活動課題の明確化

ステップ4 基本目標・基本計画づくりの段階
① 計画の枠組みの明確化
② 基本目標・基本計画の策定

ステップ5 実施計画づくりの段階
① 実施計画の策定
② 社協発展・強化計画の策定
③ 計画の調整 計画要素に基づく住民や関係団体、当該自治体などとの調整

ステップ6 計画決定の段階
① 理事会・評議会での審議・決定

広報・啓発

実践・評価

検討開始段階から広報・啓発活動は始まる

（出所）「地域福祉活動計画策定の手引」全国社会福祉協議会，1992年，23〜24頁。

第 10 章 地域福祉計画

あり，積極的に計画策定に関与してもらえる人を選ばなければならない。たとえば，何らかの団体の会長などが当て職として選ばれることはできるだけ回避すべきである。計画策定の途中で団体役員の任期が切れて，委員もやめなければならない事態も発生するからである。すると，後任者が委員になるわけであるが，それまでの経過がわからないということになるのである。

③ 計画策定のスキル

地域福祉計画の策定にはソーシャルワークの「社会福祉計画法」が応用される。したがって，ここではそのスキルの概略を説明する。

(1) 情報収集のスキル

地域福祉計画の策定には地域や対応すべき問題やニーズの現状把握がまず必要になる。地域福祉計画では次のような情報を集めることが必要になる。[3]

- 地域の地勢，産業構造，人口構成，住民の特性，文化など，地域とそこでの生活を理解するのに必要な情報
- 高齢者，障害者，児童など福祉サービスを必要としている人々に関する知識
- 地域の人々が抱えている問題やニーズに関する情報
- フォーマル，インフォーマルに実施されている福祉サービス，たとえば福祉施設や在宅サービス，ボランティア活動に関する情報
- 地域の人々の福祉に関する意識

これらの情報収集は，地域福祉計画を策定するためのものであるので，現状だけでなく，5年後，10年後のことも念頭において検討することが大切である。

次に，このような情報の収集方法としては次のようなものが考えられる。[4]

- 既存の統計資料による実態把握
- 実態調査による把握（調査の方法には，個別面接法，集配法，郵送法などがあり，目的に即して適切な方法を選ぶべきである）
- 当事者に対する直接的なヒアリングによる実態把握
- 住民座談会の開催による実態把握

(2) 会議の開催，運営のスキル

先にも指摘したように，地域福祉計画の策定は，普通，策定委員会やその作業委員会によって行われる。したがって，委員会の場において各委員から積極的で，理にかなった意見を引きだし，話し合うことが重要になる。通常は，事務局が資料を事前に用意し，また説明し，委員の意見を求める形が採られる。したがって，まず適切な資料を用意し，わかりやすく説明することが必要になる。

　その後は，質問や意見を求めることになるが，適切な会議運営がなされないと，発言が一部の力をもつ委員や声の大きい委員に偏りがちになるので，そうならないように幅広く意見が出るような配慮が必要である。

　また，とくに作業委員会の取り組みになるのであろうが，問題点の整理や計画の枠組み作成のためにブレーンストーミングやＫＪ法といった手法を用いることも役に立つであろう。ワーカーはこのような手法も熟知しておくことが必要である。

④　地域福祉計画の課題

　社会福祉法による地域福祉計画は2003年度より実施されるものであり，まだ課題が抽出できる段階でもないが，これまでの老人保健福祉計画や社会福祉協議会の地域福祉計画の策定の経験も踏まえて，地域福祉計画に期待されるものを整理してみる。

(1)　地域福祉計画の内容について

　社会福祉法が求めている地域福祉計画の内容については法律に明確に記載されており，また本章の先の節で少し解説を加えた。それらを読んでみると，地域福祉の内容はそれらの３項目に限定されるものではないことがわかる。つまり，地域福祉計画は，社会福祉法第１条および第４条に規定されている地域福祉を実現するために必要な施策や活動を総合的に推進する計画なのである。すると，地域福祉の推進には社会福祉サービスや介護サービスも不可欠であるので，介護保険事業計画や老人保健福祉計画，児童育成計画，障害者計画と地域福祉計画には共通する部分も出てくる。それらの計画との連携や住み分けも必要となるであろうし，その一方で地域福祉計画の独自性を明らかにすることも

必要であろう。

(2) 計画策定の方法について

社会福祉法には，地域福祉計画を策定等する際には，「あらかじめ，住民，社会福祉を目的とする事業を経営する者その他社会福祉に関する活動を行う者の意見を反映させるために必要な措置を講ずる」ことと規定されているが（第107条），これは地域住民が計画策定に参加できるようにすることを要求しているのである。このような措置は，これまでの老人保健福祉計画でもとられていたが，それがより強く求められていることが特徴である。社会福祉協議会の地域福祉活動計画はこの点が最も重要な点であったので，地域福祉計画は行政の計画といえども，計画策定の方法としては地域福祉活動計画の手法を重視しているようである。

また，計画の策定方法としては，「プロセスモデル」と「タスクモデル」があるとされている。後者は良い，優れた計画の作成という結果が重視されるのに対して，前者は策定の過程が重視されるものである。これまでの行政計画は主として後者であり，民間の立場の地域福祉活動計画は前者を重視した計画であった。この地域福祉計画は行政計画といえども，後者の立場を採っている。つまり，策定の過程で，地域住民の参加の場を設けて，計画づくりへの理解を求めたり，参加を通じて地域福祉活動への参加を推進するような取り組みが重視されているのである。

引用文献
(1) 『地域福祉活動計画策定の手引き』全国社会福祉協議会，1992年，22頁。
(2) 同上書，23～24頁。
(3) 川崎育郎・住友雄資・杉本敏夫編著『新 福祉をみる・考える・支える』中央法規出版，2001年，250頁。
(4) 同上書，251頁。

読者のための推せん図書
定藤丈弘・坂田周一・小林良二編著『社会福祉計画』有斐閣，1996年。
　——社会福祉の意義や歴史，現状，さらには計画策定の技術までが論じられている

本格的な図書であり，この分野の必読文献である。
杉本敏夫・斉藤千鶴編著『コミュニティワーク入門』中央法規出版，2000年。
　　――コミュニティワークの入門的なテキストで，コミュニティワークにおける計画手法の位置づけが理解できる。地域福祉計画についても章がもうけられ説明されている。
マルコム・ペイン著／杉本敏夫・清水隆則監訳『地域福祉とケアマネジメント』筒井書房，1998年。
　　――コミュニティケアの時代におけるソーシャルワーカーの役割を論じた著書であり，地域のケア計画作成にも役立つ一冊である。

第11章

地域福祉と介護保険

　身体的・知的な障害をもっていたり，高齢になって自力で身の回りのことがしにくくなったり，できなくなっても地域社会で安心して生活できるような社会をつくりあげようとする地域福祉にとって，介護保険制度の創設は大きな意味をもつ出来事であった。とくに，介護を必要とする高齢者にとっては，ついこの間まで頼りにしてきた家族の介護機能が大きく低下してきていることを考えると重要な制度創設であった。

　また，高齢者が介護を必要とする期間が長期化し，また重度化する一方で，家族規模の縮小，介護者の高齢化，女性の社会進出などで介護の負担が今までにもまして大きくなってきた介護家族にとっても，介護保険制度の創設は介護負担の軽減につながり，有意義な出来事であった。

　事実，老人福祉法の時代とは大きく異なって，介護保険創設後はサービス利用に対する福祉に不随しがちなスティグマはほぼなくなり，心理的な抵抗感は非常に少なくなった。そのために，介護サービスの利用は飛躍的に増大した。このような点から考えても介護保険制度は地域福祉の推進に大きな貢献をしたものと考えられるが，介護保険制度が地域福祉の問題をすべて解決するものではないし，新しい制度創設にともない，地域福祉の視点からみると新しい問題や課題が生み出されてきている面もある。したがって，本章ではまず地域福祉の理解に必要な範囲で介護保険制度とその特色を概観し，その後，今後の課題について検討したい。

1 介護保険制度創設の経緯とその理念

介護保険制度創設の経緯

社会保険方式で高齢者の介護サービスを提供しようとする計画が初めて表明されたのは，1994（平成6）年のことであった。最初は，当時の社会保障制度制度審議会がその構想を発表し（9月），その後12月になって，厚生省の「高齢者自立・介護システム研究会」がその報告書の中で発表した。この報告書の内容は，高齢者介護の理念の転換を図り，財政方式としては社会保険方式を導入することによって新しい高齢者介護システムを構築しようとするものであった。

その後，翌1995（平成7）年から老人保健福祉審議会でフォーマルな検討が開始され，1996（平成8）年には最終答申が発表された。そして，その後は厚生省において法律を作成する手続きが始められ，紆余曲折を経て，1997（平成9）年に介護保険法が成立した。その後は実際の制度が整備されたが，この制度はそれまでの高齢者介護の制度を根本的に転換させるものであったので，制度整備にもかなりの時間を必要とした。そのために，この介護保険制度は2000（平成12）年4月から実施されている。

介護保険制度創設の背景

介護保険制度以前の高齢者介護制度の特徴は，
(1) 家族が高齢者の介護に第一義的な責任をもつことを前提であった
(2) そして，さまざまな理由で家族が高齢者を介護しにくくなったり，介護できなくなった時に老人福祉の在宅福祉サービスで家族介護を補完したり（ホームヘルプ・サービスやデイサービスなど），代替したり（特別養護老人ホーム）していた
(3) 老人福祉（とくに，特別養護老人ホーム）が十分でなかったので，病院が老人ホーム的機能を果たしていた（社会的入院と呼ばれた）

第11章　地域福祉と介護保険

(4) 医療的要素の強い介護については老人保健制度のなかで，訪問看護制度や老人保健施設という形で対応されていた

といった点が指摘されるであろう。

しかし，1990年代になると，このような形の高齢者介護では十分な対応ができにくくなってきていたのであった。

その背景としては，次のような点が指摘できるであろう。

(1) 高齢化，長寿化の一層の進展と要介護高齢者の増加。2000（平成12）年の時点で要援護高齢者は280万人と推定されていたし，今後の一層の増加も予測されていた
(2) 介護期間の長期化，重度化。寝たきり老人の半数以上（53％）が3年以上の寝たきりであった
(3) 家族の介護機能の低下。家族の小規模化や家族員の意識の変化にともなって家族に高齢者の介護を期待しにくくなってきた。また，介護期間の長期化や重度化は，介護家族に過度の負担を課することにもなっていた
(4) 高齢者介護制度の不備。高齢者に対する社会的な介護サービスは主として老人福祉のなかで行われていたが，利用者が自分でサービスを選択できないとか，福祉に対する心理的な抵抗感があるなどのため利用がしにくかった。また，老人福祉制度下ではサービスの整備がなかなか進まなかった。さらに，老人福祉と老人保健・医療の制度にサービスが分立していたために，利用の仕方が異なるなどの問題もあった

新しい介護保険制度が構想された背景にはこのような問題があったのである。

介護保険制度の理念

介護保険制度が創設された経緯については先に述べたが，その際に，老人保健福祉審議会がまとめた最終報告には，介護保険制度創設にあたっての次のような基本理念が示されている。

(1) 高齢者介護に対する社会的支援

(2) 高齢者自身による選択
(3) 在宅介護の重視
(4) 予防・リハビリテーションの充実
(5) 総合的,一体的,効率的なサービス提供
(6) 市民の幅広い参加と民間活力の活用
(7) 社会的連帯による支えあい
(8) 安定的かつ効率的な事業運営と地域性の配慮

　また,介護保険法の第1条は,介護保険制度の目的を次のように示している。
　この法律は,加齢に伴って生ずる心身の変化に起因する疾病等により要介護状態となり,入浴,排せつ,食事等の介護,機能訓練並びに看護及び療養上の管理その他の医療を要する者等について,これらの者がその有する能力に応じ自立した日常生活を営むことができるよう,必要な保健医療サービス及福祉サービスに係る給付を行うため,国民共同連帯の理念に基づき介護保険制度を設け,その行う保険給付等に関して必要な事項を定め,もって国民の保健医療の向上及び福祉の増進を図ることを目的とする。

　介護という行為は,ただ世話をすれば良いというものではない。どのような考え方で,どのような方向性で介護を行うのかということをしっかりと理解しておくことが重要である。そっと,安楽に過ごさせる介護もあれば,少しでも身辺自立をめざし,豊かな生活が営めるように介護することもできるのである。介護保険制度がめざしているのは,前者ではなく後者なのである。すなわち,介護保険制度は介護を必要としている人々の自立支援と生活の質の維持・向上が目標なのである。

2 介護保険制度の概要

　介護保険制度の全体的な概要は図11-1に示してあるとおりであるが,本節ではそのポイントを説明する。

第11章 地域福祉と介護保険

保険者と被保険者

　保険者とは保険料の徴収，被保険者の資格管理，報酬の支払い等保険の運営主体のことであるが，介護保険の場合は市町村と特別区が保険者となり，国・都道府県・医療保険者・年金保険者が重層的に支える構造になっている。なお，隣接する複数の市町村が協力して保険者としての事務を広域的に実施することも可能である。これを広域連合という。

　一方，被保険者とは保険の対象者のことである。つまり，保険料を支払い，必要な時にはサービスを受ける権利をもつ人のことである。

　介護保険の場合は第一号被保険者と第二号被保険者が対象とされている。このうち，第一号被保険者とは，市町村の区域内に住所がある65歳以上の者である。また，第二号被保険者とは40～65歳未満で医療保険に加入している者である。

　なお，被保険者になるということは保険料を納める義務をもつと同時に，サービスを受ける権利をもつということでもある。この点，第一号被保険者の場合は介護が必要であれば，その理由にかかわらずサービスが利用できるが，第二号被保険者の場合は，特定疾病（老化に伴って発生する疾病）によって介護が必要になった場合のみに限定されている。なお，特定疾病とは次の病気である。すなわち，筋萎縮性側索硬化症，後縦靭帯骨化症，骨折を伴う骨粗鬆症，シャイ・ドレーガー症候群，初老期における痴呆，脊髄小脳変性症，脊柱管狭窄症，早老症，糖尿病性神経障害・糖尿病性腎症・糖尿病性網膜症，脳血管疾患，パーキンソン病，閉塞性動脈硬化症，慢性関節リウマチ，慢性閉塞性肺疾患，変形性関節症である。

介護保険の財源と保険料

　介護保険の運営には費用が必要となる。介護保険は社会保険であるので，本来であれば必要な費用のすべてを保険料でまかなうべきものであるが，被保険者の負担の重さなどが勘案されて，図11-1にも示されているように，介護保険では必要な費用の半分を税金でまかない，残りの半分を保険料でまかなうし

くみになっている。

　なお，介護保険の運営に必要な費用は，保険者である各市町村がサービス介護保険事業計画を策定して，必要なサービス量の見込みを立てて算定する。そして，算定された費用のうち，50％が公費負担，32％が第2号被保険者となり，後の18％を当該市町村在住の第1号被保険者が分担して負担することになる（2003年度以降）。したがって，第1号被保険者の保険料は各市町村が決めることになり，介護サービスの必要量の大きい市町村ほど，費用が多くかかり，保険料も高くなることになる。

　なお，第1号被保険者の保険料は収入に応じて次のような5段階の設定がされている。

　　第1段階　生活保護受給者　　　　　　　　　基準額×0.5
　　　　　　　老齢年金受給者で市民税非課税
　　第2段階　世帯全員が市民税非課税　　　　　基準額×0.75
　　第3段階　本人が市民税非課税　　　　　　　基準額
　　第4段階　本人が市民税課税で合計所得　　　基準額×1.25
　　　　　　　金額が250万円未満
　　第5段階　本人が市民税課税で合計所得　　　基準額×1.5
　　　　　　　金額が250万円以上

　上記のように，第1号被保険者の保険料は各市町村で異なっているが，全国平均ではほぼ月額3000円前後であり，たとえば岡山市は3384円となっている。なお，この保険料については3年ごとに見直しがされることになっており，2003年4月にはほぼ1割前後の値上げがされた。

介護保険で利用できる介護サービス

　介護保険で利用できる介護サービスは，大きく，居宅サービスと施設サービスに区別できるが，制度創設の理念にもあるように，介護保険制度は居宅サービス重視の制度である。具体的なサービスの名称と内容は図11-1のとおりである。居宅サービス14種類，施設サービス3種類が準備されている。ただし，

第11章 地域福祉と介護保険

図11-1 介護保険で利用できるサービス

(1)施設サービス	
①介護老人福祉施設	日常生活で常に介護が必要で，居宅での介護が困難な場合に入所。
②介護老人保健施設	病状が安定し家庭に戻れるように機能回復訓練や看護・介護を必要とする場合に入所。
③介護療養型医療施設	長期の入院を必要とする場合に入院。
(2)居宅サービス	
＊自宅で利用できるサービス	
①訪問介護	訪問介護員が家庭を訪問して，家事や介護の援助を行う。
②訪問入浴介護	浴槽を積んだ入浴車で家庭を訪問して，介護や家事の援助を行う。
③訪問看護	看護師等が家庭を訪問して，看護を行う。
④訪問リハビリテーション	理学療法士や作業療法士が家庭を訪問して，必要なリハビリテーションを行う。
⑤居宅療養管理指導	医師，歯科医師，薬剤師等が家庭を訪問して，療養上の管理や指導を行う。
＊日帰りで通うサービス	
⑥通所介護	デイサービスセンター等において，入浴，食事の提供，機能訓練等を行う。
⑦通所リハビリテーション	老人保健施設，病院等において，必要なリハビリテーションを行う。
＊施設での短期入所サービス	
⑧短期入所生活介護	特別養護老人ホーム等に短期間入所し，入浴，食事等の介護や，必要な機能訓練等を行う。
⑨短期入所療養介護	老人保健施設，病院等に短期間入所し，看護や医学的管理下における介護や必要な機能訓練等を行う。
＊福祉用具の貸与・購入や住宅の改修	
⑩福祉用具の貸与及び購入費の支給	車いすや特殊寝台などの福祉用具について貸与を行うほか，貸与になじまないような腰掛け便座や特殊尿器などについて購入費の支給を行う。
⑪住宅改修費の支給	手すりの取付や段差解消などの小規模な住宅改修について，その費用を支給する。
＊その他	
⑫認知症対応型共同生活介護（グループホーム）	認知症のため介護を必要とする方の共同生活（5～9人）をし生活介護を行う。
⑬特定施設入所者生活介護	有料老人ホーム，ケアハウス等に入所している要介護者等について，その施設において提供されている介護等も介護保険の対象とする。
＊居宅サービス計画の作成	
⑭居宅サービス計画の作成	居宅介護支援事業者が作成する。

（出所） 大阪市発行のパンフレット『介護保険』によって作成。

何でもかんでも好きなように利用できるのではなく，後でも述べるように，利用にあたってはまず要介護認定で要介護度が認定され，要介護度ごとの利用限度が設定される。それは支給限度額といわれている。その範囲内だと必要な費用の1割を負担するだけで各サービスを利用できる。それ以上の利用もできるが，その場合は全額利用者負担となる。なお，要介護認定において非該当（自立）の認定を受けた者は介護保険でサービスを利用することはできない。

また，居宅サービスの利用にあたっては，居宅サービス計画（ケアプラン）にもとづいてサービスを利用しなければならないという制限も設けられている。なお，この計画を作成し，サービスがニーズに合致しているかを見守るサービスが図11－1の14の居宅サービス計画の作成である。

なお，介護保険施設については3種類のものが設置されているが，すべて施設と利用者の契約によって利用することになっている。なお，施設については，非該当者はもちろん，要支援者も利用することはできない。また，施設の入所に際しては，施設ケアプランの作成が求められている。

介護サービス提供の手順
① 申請と調査

介護保険制度で介護サービスを利用するには一定の手続きが必要である。それを図示しているのが，図11－2である。図にも示されているように，この過程は要介護認定過程と介護支援サービス過程に大きく区分することができる。

この過程は，まず要介護認定の申請から始まる。申請の窓口は市町村（特別区）である。申請できるのは本人と家族であるが，居宅介護事業者や介護保険施設による代行申請も認められている。

その申請があると，市町村はまず日常生活動作等に関する調査を行う。この調査の調査項目は，全国一律に設定されている被保険者本人の心身の状況に関する67項目と特別な医療に関する12項目の合計79項目から構成されている。この調査項目は，麻痺拘縮，移動，複雑動作，特別介護，身の回り，意思疎通，問題行動の7群に整理されている。これらは中間評価項目として要介護認定基

準時間の算定に活用される。

　この調査の特徴の一つは，介護者がいるかどうかや家族が介護できるかどうか，あるいは，どこまで介護できるのかを調べるのが目的ではなく，あくまで本人の心身の状態を調べるものであるという点である。つまり，この要介護認定では，制度開始に先だってあらかじめ特別養護老人ホームなどで行われた調査にもとづいて決められた本人の状態ごとの介護の必要度に照らして，各人の介護の必要度＝要介護度を決めるのである。この点は，介護サービスが家族介護の補完や代替を目的としていた老人福祉法の時代との本質的な違いである。

　なお，この調査は市町村の職員が行うことになっているが，居宅介護支援事業者や介護保険施設に委託することもできる。その場合には介護支援専門員が調査を行うことになっている。また，調査は前述のように85項目について行われるが，それぞれの項目のチェック，たとえば，起き上がりができるかどうかの判断は調査員が勝手に自分の判断で行うのではなく，国が詳細に決めた基準にもとづいて行うことになっている。判断ができるだけ客観的に，公平に行われるよう配慮されているのである。

　さらに，調査員はそれぞれの項目について留意事項を文章で記述することになっていて，79項目の調査とは別のシートが用意されている。これは後に述べる要介護認定審査会による二次判定に活用される

　また，図11－2にも示されているように，要介護認定を受けるためには，心身の障害の原因になっている疾病や負傷の状況について記載してある「かかりつけ医師の意見書」の提出が必要になる。これは国が定めている全国一律の項目について医師が記入することになっている。これも後に述べる要介護認定審査会による二次判定に活用されることになる。

　②　一次判定

　要介護認定は，介護サービスの必要度，すなわちどれくらいの介護サービスが必要かを判定するものとされている。この認定を行うためにまず第一次判定が行われる。これは先に述べた79項目からなる調査結果をコンピューター処理することで行われる。コンピューター処理は，直接生活介助（食事，排泄，移

図11-2 介護保険制度における要介護認定と介護サービス計画

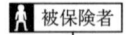

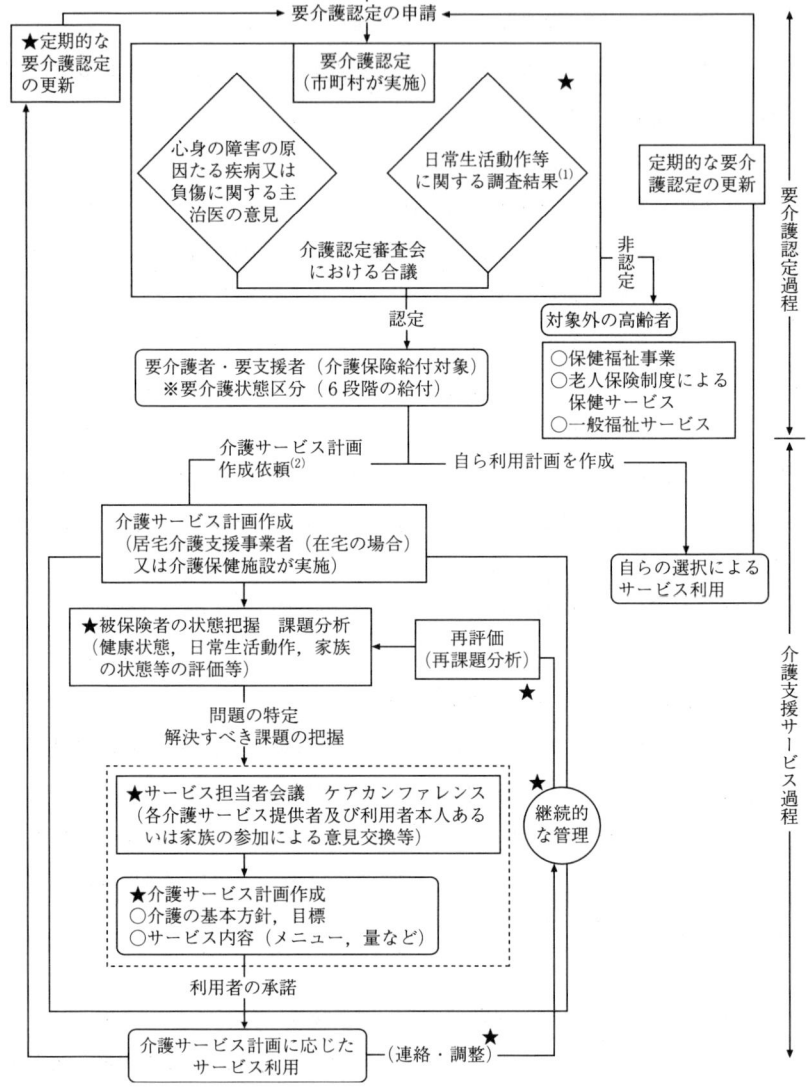

```
                        [被保険者]
                            ↓
            ┌──────→ 要介護認定の申請 ←──────┐
            │               ↓                  │
 ★定期的な   │       要介護認定                  │ 定期的な要介
 要介護認定  │      (市町村が実施)      ★       │ 護認定の更新
 の更新     │                                  │
            │  ┌─心身の障害の原─  ─日常生活動作等─┐│
            │  │ 因たる疾病又は   に関する調査結果(1)││   要
            │  │ 負傷に関する主                   ││   介
            │  │ 治医の意見                       ││   護
            │  │                                 ││   認
            │  │      介護認定審査会               ││   定
            │  │      における合議                 ││   過
            │  └─────────────────┘│   程
            │           ↓      非認定               │
            │          認定    ──────→ 対象外の高齢者│
            │           ↓                          │
            │   要介護者・要支援者(介護保険給付対象)  ○保健福祉事業
            │   ※要介護状態区分(6段階の給付)        ○老人保険制度による
            │                                       保健サービス
            │    介護サービス計画                    ○一般福祉サービス
            │    作成依頼(2)    自ら利用計画を作成
            │        ↓                              ─
            │  介護サービス計画作成                   
            │  (居宅介護支援事業者(在宅の場合)        
            │  又は介護保健施設が実施)               自らの選択による
            │        ↓                              サービス利用
            │  ★被保険者の状態把握 課題分析          
            │    (健康状態,日常生活動作,家族 ←─再評価   介
            │     の状態等の評価等)          (再課題分析) 護
            │        ↓               ★             支
            │    問題の特定                           援
            │    解決すべき課題の把握                  サ
            │        ↓                              ー
            │  ┌─────────────────┐★  ビ
            │  │★サービス担当者会議 ケアカンファレンス││  ス
            │  │ (各介護サービス提供者及び利用者本人ある││ 継続的 過
            │  │  いは家族の参加による意見交換等)       ││ な管理 程
            │  │        ↓                            ││
            │  │★介護サービス計画作成                  ││
            │  │ ○介護の基本方針,目標                  ││
            │  │ ○サービス内容(メニュー,量など)         ││
            │  └─────────────────┘│
            │    利用者の承諾                          │
            │        ↓                               │
            └── 介護サービス計画に応じた ─(連絡・調整)─┘
                 サービス利用        ★
```

(注) 1) 居宅介護支援事業者(介護サービス計画作成機関)又は介護保健施設への委託が可能。
　　 2) 介護保健施設に入所する場合は,施設内で介護サービス計画作成は必須。
(出所) 『平成12年版 介護保険の手引』ぎょうせい,80頁。

表11-1　介護認定の基準時間

要　支　援	要介護認定基準等時間が25分以上32分未満である状態 又はこれに相当すると認められた状態
要 介 護 1	要介護認定等基準時間が32分以上50分未満である状態 又はこれに相当すると認められた状態
要 介 護 2	要介護認定等基準時間が50分以上70分未満である状態 又はこれに相当すると認められた状態
要 介 護 3	要介護認定等基準時間が70分以上90分未満である状態 又はこれに相当すると認められた状態
要 介 護 4	要介護認定等基準時間が90分以上110分未満である状態 又はこれに相当すると認められた状態
要 介 護 5	要介護認定等基準時間が110分以上である状態 又はこれに相当すると認められた状態

動，清潔保持)，間接生活介護，問題行動関連介助，機能訓練関連行為，医療関連行為の5分野で処理され，その処理結果は要介護認定基準時間の長さによって示される。なお，このコンピューター処理は「樹形モデル」と呼ばれている方式で処理される。このコンピューター処理の結果，一人ひとりの要介護認定基準時間が示され，表11-1に示されている介護認定の基準時間に照らして要介護度が示されることになる。たとえば，ある人について，コンピューター処理の結果，要介護認定基準時間が35分となると要介護1となるのである。また，要支援で示されている基準時間以下になれば，その人は非該当（自立）との判定になり，介護保険制度ではサービスは利用できなくなるのである。これが一時判定である。

なお，表11-1に示されている要介護度と基準時間は先にも述べた事前調査（1分間タイムスタディと呼ばれている）にもとづいて算出された基準時間であり，実際に家庭で行っている介護時間ではない。

③　介護認定審査会による二次判定

介護保険法第14条の規定にもとづいて，各市町村は要介護認定の判定業務を公正かつ客観的に行うために，第三者機関として，保健・医療・福祉の専門家から構成される「介護認定審査会」を設置することになっている。ここで要介護認定の二次判定の業務が実施されるのである。

表11-2 支給限度基準額

認定区分	支給限度額
要支援	6,150単位
要介護1	16,580単位
要介護2	19,480単位
要介護3	26,750単位
要介護4	30,600単位
要介護5	35,830単位

(注) 1単位は10円。

 介護認定審査会には，一次判定結果を原案にして，訪問調査員の特記事項を記載した書類，そして医師の意見書が3点セットとして提出される。審査会では，特記事項，医師の意見書を参考にして二次判定が行われる。二次判定では，一次判定が適切だと判断されて，そのまま最終的な要介護度となる場合もあれば，一次判定が不適切だと判断されて要介護度が変更され，それが最終的な要介護度となる場合もある。なお，認定の期間は通常6か月間であるが，3か月までの短縮と1年間までの延長が認められている。したがって，その期間が切れる以前に認定の更新を申請し，再度認定を受けることが必要である。

 介護保険では，要支援あるいは要介護との認定が受けられなければ，サービスの利用ができないしくみになっている。また，要介護度によって利用できるサービスの範囲も限定されることになる。したがって，要介護認定は，保険料を納入していることに対する対価としてサービスを利用する権利にもつながるので，公平，客観的に行われることが必要なのである。

 つまり，介護保険では要介護度ごとに居宅サービスの支給限度基準額が設定されているのである。その額は，次の表11-2の通りである。この範囲内であれば，利用者は必要な費用の1割のみを負担することでサービスが利用できるのである。なお，残りの9割は介護保険からサービス提供事業者に支払われることになる。

 最終的な認定結果は市町村を通じて本人に通知される。要支援，要介護の認定になれば，居宅サービス計画（ケアプラン）を作ってサービスを利用することが可能になる。その際に，自分でそれを作成することも可能であるが，それを作成する事業所に依頼して作成することも可能である。その事業者が「居宅介護支援事業者」である。また，実際に本人や家族と話し合って居宅サービス計画を作成するサービスは，介護保険法では「居宅介護支援」と呼ばれ，一般的には居宅支援サービス，あるいはケアマネジメントと呼ばれている。また，

この仕事の担当者が「介護支援専門員」で,一般にはケアマネジャーと呼ばれている。

サービス利用の相談とサービス利用

要介護度が決まれば,次に具体的なサービスを利用することになる。しかし,介護保険制度では居宅サービスの利用にあたっては必ず居宅サービス計画(ケアプラン)を作成することになっている。ケアマネジメントの原則では,ケアプランは一人に一つであり,介護保険制度もこの原則を取り入れている。ケアプランを作成することで,複数のサービスを組み合わせたケアパッケージとしてニーズの充足に最も適した諸サービスを効果的・効率的に提供できるとされている。

そのために,ケアマネジメントではまずニーズのアセスメントを行うことになる。ニーズとは,サービス利用者ができるだけ自立した生活を営むために「解決すべき課題」のことである。したがって,ニーズとは単なる要望や要求ではない。サービス利用者は要望しないが,自立した生活のためには解決しておくべき問題もあるからである。

介護支援専門員(ケアマネジャー)は,まずこのニーズを把握しなければならない。そのためにアセスメント票が使われるが,介護保険制度創設に際していくつかのものが考案された。どのアセスメント票を使っても良いが,適切なアセスメントを行い,ニーズを的確に把握することが適切な援助につながるのである。したがって,このアセスメントはとりわけ重要なプロセスなのである。

また,介護支援専門員は,おそらく長期にわたってサービス利用者や介護者とつき合うことになる。したがって,このアセスメント過程は,介護支援専門員が彼らと長くつき合うのに必要な「信頼関係」を確立する段階でもある。彼らから信頼されなければ,介護支援専門員といえども解任されるかもしれないし,良い援助ができないことになる。

その後,介護保険制度では,ケアプランを作成し,利用者や介護家族の同意を得て,具体的なサービスを利用することになる。なお,介護保険制度では,

いくらでもサービスは利用できるが，先にも説明した「支給限度額」のしくみがあり，1割負担で利用できるのはその範囲のみである。また，1割負担は応益負担であり，所得に関係なく1割負担となる。

　サービス提供中の介護支援専門員の仕事はモニタリングである。すなわち，介護支援専門員はサービス利用者のニーズは変化していないかや，提供されているサービスは適切かを常に見守るのである。そして，それらの動きがあった場合には，ケアプランを組み立て直して適切なサービスが提供できるように対処するのである。介護支援専門員，すなわちケアマネジャーは各サービス利用者に対してこのような仕事を行うことで，サービス利用者が適切なサービスを利用して居宅での生活を維持し，自立を高め，質の高い生活が営めるように活動するのである。介護保険制度はこのようなケアマネジメントのしくみを取り入れている点が特徴である。

介護保険事業計画

　介護保険法では，国は介護保険事業にかかわる保険給付の円滑な実施を確保するための基本的な方針を定め（第116条），保険者である市町村には3年ごとに，5年を1期とする市町村介護保険事業計画の策定を義務づけ（第117条），都道府県には都道府県介護保険事業支援計画の策定を義務づけている（第118条）。

　とくに，市町村介護保険事業計画で定めなければならない内容は，
① 各年度におけるサービスの種類ごとの量の見込み
② 各サービスの見込み量の確保のための方策
③ 指定居宅サービス，指定居宅介護支援事業者間の相互連携の確保に関する事業，その他サービスの円滑な提供を図るための事業に関する事項
④ その他保険給付の円滑な実施を図るための事業に関する事項
である（第117条第2項）。

　また，この計画は市町村老人保健福祉計画との調和を保つことも求められている。

苦情処理

　介護保険にかかわるさまざまな局面で，事業担当者はサービス利用者に公平で，質の高いサービスを提供し，不平，不満，苦情などが発生しないよう最大限努力を払うべきであるが，それでも要介護認定に対する疑問，受けているサービスに対する不満などが発生することは当然予測される。そのような場合には，それらを適切に処理することが大切であり，介護保険制度では苦情処理のしくみがつくられている。

　介護保険制度では苦情はまず2つに区別される。ひとつは介護認定，保険料の徴収など行政処分として実施されるサービスへの苦情である。もうひとつは，具体的な介護サービスに対する苦情である。こちらは各サービス利用者がサービス事業者との契約によって利用している部分ということになる。

　まず，前者に対する疑問や苦情に対応するために設けられているのが，介護保険審査会である。これは各都道府県に設置されている。ここへ苦情を申し立てることを審査請求といい，その処分があったのを知った日から60日以内に申し立てることになっている。

　また，後者に関する苦情は，各都道府県に設置されている国民健康保険連合会が取り扱うことになっている。また，疑問や苦情があれば，市町村の窓口，居宅介護支援事業者でも対応してくれるので，利用が可能である。さらに，介護サービスの提供場面に出向いてくれる「介護相談員」の制度もあり，相談ができる。

　なお，社会福祉法でも社会福祉事業の経営者は苦情の解決に当たるべきことが明記されたし，都道府県社会福祉協議会には「運営適正化委員会」も設置され，苦情の解決にあたることになっている。

3　介護保険制度と地域福祉

　地域福祉がすべての地域住民が安心して暮らせるように地域に福祉の制度を創設し，また福祉サービスを必要としている人々を援助する活動をすすめるこ

とだとすると，介護保険制度を整備するだけでは地域福祉が確立できないことになる。以下では，地域福祉の視点から見た介護保険制度の問題点を検討し，地域福祉を推進するための課題を把握したい。

介護保険制度における低所得者対策

地域福祉の視点では，誰であろうと介護が必要になれば，必要に応じてすべての人々が平等に介護サービスを利用できることが望ましいということになる。しかし，このような視点から見ると，介護保険制度にはいろいろな問題がある。その一つは，介護保険制度は選別的なしくみではなく，普遍的なしくみをとっているために，受益者負担の考え方が取り入れられ，利用者の所得状況には十分な配慮がされていないという問題がある。

とはいっても，まったく配慮がされていないというわけではない。まず，第一に生活保護を受けている人たちに対しては介護扶助の制度が創設されているので，保険料納付においても，サービス利用においても不安を感じることはない。第二に，保険料納付においては所得に応じて5つの段階が設定されている点である。このしくみによって低所得者は保険料の軽減措置を受けることができる。なお，制度開始後，市町村によっては低所得階層の保険料の軽減化を行っているところもある。

サービス利用にあたっては，利用したサービス費用の1割を負担するというのが原則である。ということは，1割を負担しないとサービスは利用できないということである。これは，それまでは所得に応じた負担をしてきた低所得者，とくに生活保護のボーダーライン層の人たちには負担が増える可能性をもつしくみである。費用負担がサービス利用の抑制につながることは好ましいとは思えない。このための対策も制度に組み込まれている。たとえば，高額介護サービス費の制度や社会福祉法人による利用者負担の減免措置が行われている。

介護保険という制度ではこれが限界かもしれないが，地域福祉の立場からは，所得にかかわりなく必要な場合には安心して介護サービスが利用できるようなしくみを地域社会を基盤につくりあげることが必要である。

要介護度のしくみと地域福祉

　先にも説明したように，介護保険制度の新しさの一つは「要介護度」という概念を導入したことである。そして，介護サービスを利用するためには，要介護，あるいは要支援の基準に該当することが必要になったのである。

　しかし，現実には要支援のレベルに達しなくても軽度の介護サービスの必要な人がいるし，要支援や要介護の状態にならないように介護予防が必要な人もいる。あるいは，孤独や孤立といった問題を抱えている人もいる。このような人は介護保険の対象としてはふさわしくないのかもしれないが，何らかの対応は必要である。

　介護保険創設時にこのような問題が指摘されたので，介護保険とは別に介護保険対象外の人々を対象に「介護予防・生活支援事業」が開始された。しかし，これらの事業は実施するかどうかは市町村にまかせられた補助金事業であり，現実に実施状況は市町村によりばらつきがある。

　介護保険は介護にかかわるだけであろうが，地域福祉はもっと幅の広い視点をもつ対策であり，すべての高齢者が地域で安心して暮らせるようにするためには，この事業のさらなる充実が求められるであろう。

ケアマネジメントと地域福祉

　本来のケアマネジメントはまさに地域福祉を推進するための手法であったと思われる。すなわち，その機能としては，対人支援機能を中心として，調整機能，開発機能があるとされ，それは個人から地域までを視野に入れた総合的な援助活動として，また援助においてはフォーマルなサービスだけでなく，インフォーマルなサービスも取り入れて援助活動を行い，サービス利用者の地域における自立した生活を支援する手法として紹介されたからである。

　しかし，介護保険制度のケアマネジメント（介護保険制度では，居宅介護支援）は上記の対人支援機能のみが着目され，介護保険制度のフォーマルなサービスのみでケアプランを作成する形になっている。また，ケアマネジャー（介護支援専門員）も介護保険制度のなかに組み込まれているために，介護保険制

度から外に視野を広げにくくなっている。

　このような限界はあるとしても，地域福祉の視点から見ればケアマネジャーは介護保険のみでなく，他の福祉サービス，ボランティアなどの活用も視野に入れて，総合的な生活支援に取り組むことが望まれるであろう。

　以上のように，地域福祉の視点から見ると，介護保険制度にはいくつかの課題がある。もともと介護保険制度は，地域福祉の確立をめざす制度ではないので，それは当然のことである。したがって，地域福祉の確立のためには介護保険とは別に地域福祉の取り組みが必要となるのである。介護保険制度が実施されたとはいえ，地域福祉活動推進の中核となる社会福祉の行政や社会福祉協議会にはまだまだ多くの課題が残されているのである。

参考文献
介護支援専門員テキスト編集委員会編『介護支援専門員基本テキスト』（第1巻）長寿社会開発センター，2000年。

読者のための推せん図書
杉本敏夫，島津淳編著『介護福祉論』ミネルヴァ書房，2002年。
　　──本シリーズの一冊で介護福祉に関するテキストである。高齢者介護に関する技術はもとより，介護の理念や具体的な制度についても説明している。
杉本敏夫編著『高齢者福祉論（改訂版）』ミネルヴァ書房，2001年。
　　──本シリーズの一冊で，高齢者福祉全体に関するテキストである。介護保険制度は地域福祉の柱でもあるが，高齢者福祉の柱でもある。しかし，その他の高齢者福祉に関する施策もさまざまあり，それらの理解も必要である。本書はそのような知識を得るのに役立つ。
介護支援専門員テキスト編集委員会編『介護支援専門員基本テキスト』長寿社会開発センター，2000年。
　　──本書は資料編も含めて全3巻からなる大著である。介護支援専門員の受験テキストとして編纂されたものであるが，それ以外の人にとっても介護保険制度を包括的に理解するのに大いに役立つ本である。

第12章

地域福祉の実践例

1 特別養護老人ホームを拠点として

高齢者福祉施設の現状

　公的介護保険制度の施行にともない，居宅支援事業を中心に民間参入も盛んになり，高齢者福祉事業の中心的役割を果たしてきた特別養護老人ホームも個室化やユニット化の推進など個別ニーズへの対応が求められている。そして施設としてこれまでやってきた地域支援もよりきめの細かいサービスが求められている。言い換えれば高齢者福祉施設の地域における役割はますます重くなってきたということである。

　地域福祉の拠点として，施設の提供するサービス形態は大きく2つに分類される。それは，一つは地域の人たちが施設に通って施設内でサービスを受けるタイプである。もう一つは施設が地域に出向いて自宅など施設以外でサービスを提供するタイプである。現在全国各地において特別養護老人ホームが行っている地域支援事業は多くの種類があるが，その中から代表的なものとして介護保険制度以前より実施されている「配食サービス（「食」の自立支援事業）」と介護保険制度にともなってスタートした「生きがいデイ型サービス（生きがい活動支援通所事業）」についてH県A市にある特別養護老人ホームの事例を通して学習していきたい。

　A市の人口は約7万4000人，高齢化率は15％弱，要介護認定者率は約12％で

ある。隣接する政令市の衛星都市として宅地開発が進み，住宅都市として発展し，社会福祉事業への取り組みも積極的である。市内には同等規模の特別養護老人ホームをはじめ老人保健施設や医療法人のデイケアや居宅支援事業所も多数存在している。紹介する施設は入所定員58名，入所サービス以外にデイサービス，ショートステイ，在宅介護支援センター，居宅支援事業などのサービスを行っている。

配食サービス

① 高齢者の食生活（「食」の自立支援事業」）

日常生活を支える3つの要素「衣食住」は毎日の生活にどれも欠かせないものであるが，その中でもとくに食生活は大切である。また，食生活は各個人の健康状態や嗜好も考慮されるものであり健常者にとっても課題の多いものである。それが，高齢者のひとり暮らしなどでは，「食事を作れるだけの体力がない」「火の扱いなどが難しい」「買い物に出かけるのが難しい」……など，さまざまな障害により安定した食事の確保が困難なケースが多いのが現状である。そのような人たちに何かお手伝いできないかということからこの配食サービスは始まった。B施設では1992年からこのサービスを市の公的サービスとして受託し10年になるが配食数は年々増加している（表12-1）。

表12-1 最近の利用実績

年　度	1992	1996	1997	1998	1999	2000	2001
配食数	723	1,385	1,427	1,368	2,471	2,615	3,619

② 利用の実態

(1) ニーズの把握とその仕組み

配食サービスは下記のような相談が市の窓口に寄せられることから始まるのであるが，高齢者自らが市の窓口へ相談に行くケースや，民生委員や保健師あるいは在宅介護支援センターの相談員などが訪問した際に，相談を受けてそれらの情報が市の窓口に届けらるケースなどがある。サービス開始までには，市

窓口への相談—調査決定—施設受託—サービス開始というプロセスを経ることになる。またサービス開始後3ケ月，半年，1年という期間で再評価を行いニーズの見直しに努めている。

　相談を受けた市の担当はその人がどのような状況であるのか，配食サービスを受けることが適切かどうかを調査し，その結果適切であれば受託先である特別養護老人ホームに「××さん宅に配食を行って下さい」という指示を出し配食サービスが開始される。

　【事例：申請時の相談】　83歳女性。腰痛と手足のしびれにより調理が困難となり，火を使うことも危なくなってきた。近くに住む長女が時々手伝いに来るが，結構負担となってきたのでできれば配食サービスを受けたい。

　91歳女性。夫と二人暮らしで夫はデイサービスを利用しているが，夫の介護疲れと本人の下肢筋力の低下で，買い物や調理が困難となってきた。夫の分だけでも配食サービスを受けたい（夫は歯が丈夫ではないのでメニューは考慮してほしい）。

　(2)　施設の対応とボランティアの協力

　依頼を受けた施設では，栄養士を中心として調理担当者の打ち合わせが行われ，食材食器などの準備を始める。それと同時に，届け先の場所を確認し，どの配達エリアのどの配達ルートがより早く届けられるかということも検討する。この施設の配達区域は4つのエリアに分けられており，直接施設が配達するエリアとボランティアが配達するエリアがある。

　このボランティアの協力は配食サービスには欠かせないものであり，各エリア毎に合計4グループがあり，市内では12の配食ボランティアグループがある。そして3か月に一度各グループの代表と施設，行政など関係者が集まり，報告会，検討会，試食会，感謝会などを兼ねた配食会議を開催し，それぞれの立場からいろいろな意見を交換し，配食サービスの充実と地域の高齢者の食生活向上に努めている。またこの配食ボランティアの活動は地域と施設を結びつけ，地域の連帯を強めて地域福祉を推進する大きな原動力となっている。

　(3)　安否確認とその成果

このサービスの一番の目的は「高齢者への食事支援」ということであるが，実際に一軒一軒の居宅を訪問することで，とくにひとり暮らしの方への安否確認をすることができ，このことが配食サービスの大きな目的と同時に大きなメリットとなっている。
　施設が地域に向けて行う事業として，単に食事を提供するだけでなくそのことを通じて，地域に生活する一人ひとりの高齢者の生活状況が把握できるようになり，このことが地域に浸透することにより，高齢者が安心して暮らせる大きな精神的支えとなっている。
　③　今後の課題
　個別対応は現在もできる限り行っているが，その対応をさらに細かく個々人のニーズにあったメニューを豊富にしていくことは大切なことである。また現在設備や人員の関係から夕食だけのサービスであり，木・日曜日は定休日となっているが，それらを改善していくことやまだサービスを受けていない人たちへのアピールも含めて，地域全体にこのサービスを広げ定着させていくことが課題である。
　もう一つは配食サービスの法的な名称が『「食」の自立支援事業』と謳われているように，今後は施設側から作った物を一方的に配達するのではなく，本人のできることを大切にして，栄養のバランス，そのための適切な食材の選択，食材の保管方法，調理の方法，調理後の保存方法などを個別に指導し，それぞれが主体性をもって自ら食生活を維持できることを支援していくことも大切であろう。

生きがい型デイサービス（生きがい活動支援通所事業）
　①　介護保険サービスの境界線
　介護保険制度が施行され高齢者福祉の環境も大きくかわり，個々のサービスを受けるためには，まず要介護認定を受けなければならなくなった。つまりサービスを受ける前提条件に「介護がどれくらい必要か」の判定を受けるという手続きが加わった。たとえば近くの通所介護であるデイサービスを受けたい

となれば，要介護認定を受けその結果「要支援」以上と判定されてはじめてデイサービスを利用することができるのである。

しかしその要介護認定で「自立」と判定されたら，せっかく受けたいと期待していたデイサービスは受けられなくなるというのが片方の現実として存在するのである。「自立」とは本来喜ばれることなのであるが，本人にとっては「サービスが受けられなくなる」という不安に襲われ，また「行くところがなくなった」という落胆と失望に陥ることも十分にあり得ることである。

このように介護保険の制度枠から抜け落ちる高齢の人たち，制度利用の境界にいる人たちを対象としてできたサービスがこの生きがい型デイサービスである。同時に介護保険待機者への対応として介護予防という目的も持ち合わせている。

今回紹介するB施設でのサービスは，2000年度介護保険開始と同時にA市より受託し，週に3回（月・水・金）で1日10名を定員としてスタートした。最近の利用実績は下の表のとおりである。

表12-2　2001年度利用実績

月	4	5	6	7	8	9	10	11	12	1	2	3	計
登録数	17	18	18	19	19	18	17	17	17	16	16	16	208
実利用	16	18	17	18	19	17	17	17	17	15	15	15	201

（注）　開設日数—142日，延利用者数—703人，1回利用平均—5人。

② 場所の選定——サテライト構想

最初にも述べているように，施設の地域サービスは利用者が施設に出掛けるという形態と施設が地域に出て行くという2つの形態に大別されるが，この生きがいデイ事業を始めるにあたっては，利用者が施設に出掛けるという基本的な形態は変えられないものの，その施設（設備環境）を現在の場所から離れた地域の一角に開設できないだろうかということで検討を行った。結果，現在の特別養護老人ホームの位置する市北部（山村地区）から約6km離れた市南部（市街地区）で民家1軒を借り受けることになった。交通アクセスも良く，住宅地にあって施設やサービスのことをアピールすることができ，施設の地域福祉事業の拠点となることが期待される場所である。

③　プログラム

　介護サービスを受けようと思って要介護認定を受けた結果,「自立」と判定された人たちの心身の状態は一様ではない。また介護予防ということも十分に踏まえ,専任の相談員兼ケアワーカーを配置し,配置基準外の看護婦を常駐し,送迎対応も配慮した。また近隣のボランティアも曜日を決めてプログラムに参加してもらうこととした。プログラムもそれぞれの状態に合わせて個別に対応し,一人ひとりがやりたいことを自由に選び,何もやりたくない人も楽しく過ごせるように,ゆったりとした流れを基本に置いた。また民家であるという特性も生かして家庭的での暖かい雰囲気づくりに心掛け,利用している方々とのコミュニケーションをとくに大切にしてきた。同時に何らかの支援が必要な心身の状態も十分配慮して,

　(1)　体を動かして心身機能維持を図る──リハビリ体操など
　(2)　楽しい雰囲気作りに心掛ける──会話の時間など
　(3)　文化的経験の機会を持つ──音楽鑑賞など
　(4)　個々人の趣味を大切にする──園芸など
　(5)　外出の機会を多くもつ──地元再発見など

という趣旨と内容のプログラムを考えた。そして「今日はとても楽しかった。また来週来ます」「1週間のうちでここが一番リラックスできます」というような感想が聞けることを目標としてきた。

④　今後の課題

　介護保険が始まって2年が経過し,生きがい型デイサービスのニーズも徐々に高まる傾向ではあるが,まだこのサービスを知らない人が多く,地域にアピールしていくことが一番の課題である。またもう少し手軽にこのサービスを受けることができるように施設から行政への提案も大切なことである。要介護認定を受けなくてもこのサービスが受けることができるように(1),また現在利用中の人が要介護と認定されても一定期間このサービスを継続して受けることができるように利用枠を広げることである。いずれにせよ,制度上不安定な立場にある高齢者に対し,安心してその地域で生活ができるように,施設からのい

ろいろな働きかけは大切である。

　また介護予防もこのサービスの大きな目的であり，健康管理や転倒予防などに対する知識や技術を利用者だけでなく家族をはじめ地域のいろいろな人たちに知ってもらう機会をつくり，介護を受けないで元気に老後を過ごせるような地域啓発をしていくことも大切な課題である。

＊

　今回の事例を通じて，施設の地域での役割というものが「在宅で援助を必要としている人たちの具体的なニーズをとらえ，行政はじめさまざまな関係機関と連携をとって，その地域住民のニーズに合った適切なサービスを提供すること」ということができる。

　特別養護老人ホームなどの施設は，入所処遇で培った援助技術の蓄積があり，ソフト面ハード面双方にわたる専門のサービス供給機関である。したがって施設のもつ知識や技術がどれだけ地域に還元されているかが，地域福祉サービスの充実度に大きく影響を与える。

　また施設の地域支援は，①地域全体にサービスを広げる，②地域に点在する情報（ニーズ）を集約する，③地域住民の福祉参加を促進する，という３つの大きなメリット生むことになり，それを軸にさらに地域福祉を推進するという良循環を生成していく。

　今後も制度の変化は予測され，施設は福祉の専門実践機関として柔軟に制度に対応し，施設として地域に対してどのようなサービス提供が可能なのかを探り，行政など周囲の関係機関に提案や協力を求めていくことが大切である。

　地域の老人関係施設がどのような地域支援を行っているのか調べてみよう。

2　社会福祉協議会を拠点とした実践事例

　この事例は，従来から地道な活動を積み重ねてきた社会福祉協議会（以下，社協とする）が，阪神・淡路大震災という大災害に遭遇しながらもそれを乗り

越え，その後入ってきた新たな力を受け入れながら地域福祉推進計画づくり（兵庫県内社協では，社協の策定する地域福祉活動計画を「地域福祉推進計画」と呼んでいる）の実践をきっかけに飛躍していこうとしている姿をあらわしたものである。

概　　況

① 地域状況――過疎化して都市化する"奇妙な町"

兵庫県・淡路島の西海岸ほぼ中央に位置する津名郡一宮町は，人口1万人足らずの小さな町である。震災後の激しい人口流出により過疎化問題が深刻化している反面，明石大橋の架橋効果と震災復興支援により，町が急速に都市化していった。「過疎化して都市化する"奇妙な町"」，これは町社協の第2次地域福祉推進計画の中で表現されている現在のまちの状況である。最近では2005（平成17）年3月までの時限立法による市町村合併特例法をうけ，市町合併問題も取り沙汰されている。

② 当社協の主な実施活動・事業

社会福祉の地域福祉重視の傾向も影響して，社協は年々，多岐にわたる膨大な事業数・量を抱えていく状況にあると思われるが，当社協も，事業報告書上で52項目もの事業を推進している（平成13年度版一宮町「社協のあゆみ」より）。

2000（平成12）年4月から導入された介護保険については，居宅介護支援事業，通所介護事業，訪問看護事業，福祉用具貸与事業の4事業を実施している。また同年から国庫補助事業となった介護予防・生活支援事業については，配食サービス，外出支援サービス，軽度生活援助事業，生きがい通所支援事業，家族介護教室，家族介護者交流事業，介護用品支給事業を実施している。

職員数は事務局長以下，福祉活動専門員1名，ボランティアコーディネーター1名，専任職員1名，センター管理関係職員2名，介護保険事業関係職員（正規職員のみ）7名，となっている。

阪神・淡路大震災のこと

　1995（平成7）年1月17日5時46分に発生した阪神・淡路大震災で，当町は震源地である北淡町とも隣り合わせの位置にあり，甚大な被害を受けた。死者，負傷者数などは神戸・阪神地域と比較すれば少なかったものの，1500棟を越える家屋が全壊・半壊した（1994年4月当時，当町の人口・世帯数は9855人，2977世帯であった）。

　震災発生当日から，当社協のある一宮町高齢者生活福祉センター「ゆうゆうライフ」は避難所となった。同センターはデイサービスと高齢者生活センターを実施する施設であったため，厨房施設や食堂，風呂，個室として使える部屋もあり，快適な条件はかなり揃っていた。建物にも被害は少なく，電気，通信設備に異常はなかったが，水道管が破裂していたため水道が使えず，合併浄化槽への配管も寸断されていたので生活排水を流すことができなくなっていた。このような状況下，予想をはるかに上回る避難者が次々と訪れ，ピーク時は許容範囲をはるかに超える180名が避難していた。

　避難所運営はすべて社協職員に委ねられ，当初，避難所の不自由な暮らしを少しでも解消しようと職員全員で水運びをし，洗濯機や日用品など不足しているものは自宅から持ち寄って設備を整えていった。その後，日が経つにつれ，体調不調者が続出し，慣れぬ団体生活や情報不足からのイライラや不満の声が聞こえはじめた。こうした事態を打破するため，避難所内だけのミニ自治会をつくることにした。代表者が町役場とのパイプ役を務め，避難所運営も役割分担が進められるようになった。

　その間にも，社協事業にかかわる対象者の安否確認調査とニーズ調査，必要なサービスの提供が行われた。また交通手段の確保されていた四国四県の社協の協力により，尾崎老人福祉センターに「ボランティアベースキャンプ」が張られ，ボランティア活動の前線基地として機能していった。四国四県撤収後，比較的被害の少なかった淡路島内社協のボランティアコーディネーターが引き続き支援活動を行った。その後，応急仮設住宅が建設され，3月末には移住が済み，4月6日に緊急避難所としての役割は終了した。

復興時に仮設住宅地域に建設された「ふれあいセンター」を活用し，交流の場づくりとして「あひる倶楽部」という溜まり場がつくられたが，その取り組みは，現在の当町におけるふれあいきいきサロンの先駆け的な役割を果たしたといえる。

地域福祉推進計画

震災を経験し，ボランティア活動はさらに活発化していった。こうしたなかで，社協の取り組み課題として浮上してきたのは「計画づくり」であった。従来から兵庫県内の社協は「社協発展計画」として，地域福祉推進にかかわる内容も含めた中期計画づくりに取り組む社協が多かった。これは，兵庫県社協が昭和40年代後半から進めてきた計画活動重視の方針によるところが大きいが，当町は第１次計画を策定して以降20年以上の間，策定活動が途絶えていた。

このような状況の中で，震災後新しく事務局に配属された職員が「計画づくりに着手してみよう」と取り組みはじめた。従来からの活動を基盤に，地域の将来ビジョンを計画として提示したうえで，住民とともに地域福祉を進めていこうとしたのである。

他職員の協力のもと，計画策定についての組織承認，各関係機関間調整などさまざまな障壁を乗り越え，計画策定委員会発足の段取りを進めていった。プロセスが重視される計画策定では住民がいかに策定に参加するかが重要である。ここでは策定委員会の発足，座談会や地域会議でのヒアリング，世代別アンケートによる地域課題抽出作業など，住民の声を引き出す工夫がはかられ，今後の方向性が検討された。

その結果としてまとめられたのが，図１の計画全体構成図である。

計画に沿った社協の取り組み

① 小地域福祉活動の推進

計画の中では重点目標２にあたる。当社協ではモデル地区を指定して，重点的に支援する形で小地域福祉活動を推進している。現在指定地区となっている

第12章 地域福祉の実践例

図12-1 計画全体構成図

一宮町社会福祉協議会 第二次地域福祉推進計画
～こころ と からだ に おもいやり～
平成13年～15年：2001～2003

【活動目標】
● 啓発・広報活動の強化徹底
● 幅広い住民が参加できる社会福祉活動の運営
● 社会福祉協議会としての役職員の資質の向上

【活動目標】
● ふれあいサロンを中心とした小地域福祉活動の展開
● 民生・児童委員協議会とのパートナーシップの推進
● 福祉推進員会の開催と小地域福祉活動への参加啓発

【活動目標】
● 各種会等での在宅福祉サービスの探究・普及
● サービス等の苦情・意見・要約・ニーズ把握の徹底
● 事業運営者の実施と利用対象税の拡大

【活動目標】
● 職員の研修体制の確立（援助職員としての意識向上）
● ターミナルケアの担い手としての8名事業の展開
● 各福祉事業所の総合支援センター化

【活動目標】
● ボランティアセンターの業務内容の善迷
● 地域ボランティア講座・研修会の実施
● 福祉学習の推進

【活動目標】
● 家族介護者・一人暮らし高齢者等の当事者組織化
● 5種類事業団体・機関とのネットワーク化
● 高齢者以外の対象者の実態把握とニーズ調査

計画全体構成図

社会福祉協議会のことを知ってもらおう

【総合推進目標（6つの重点目標）】

地域に根ざし、地域福祉の推進役となりうる
自律した社会福祉協議会をめざそう

重点目標1
地域での生活を支える社協の仕組みを理解してもらい、住民に社協をうまく活用してもらおう

重点目標2
サロンを基盤としてモデル地区の小地域福祉活動を進め、福祉推進組織化をめざそう

当事者の生活を支える福祉サービスを進めよう

重点目標3
在宅福祉サービスの普及・啓発を進めよう

重点目標4
社協らしい介護保険事業運営をめざそう

当事者の社会参加と自律の意識が
地域を支えるような活動をはじめよう

重点目標5
地域福祉のリーダーの養成と住民一人ひとりの「生きる」力をともに考えていこう

重点目標6
当事者組織でつながることろから行おう

3年間（13～15）の活動目標です。年度事業計画の年度に重点が予想される、地域福祉推進計画はここから取り上げます。

本会では、今回の地域福祉計画を社会福祉計画として位置付けています。平成15年度に策定が予想される「地域福祉計画」を視野に入れた総合推進目標になっています。

目標

こころ と からだ に
おもいやり の ある
いちのみや をめざそう
福祉コミュニティ
づくりをめざそう

● 地域の福祉力を高める
● 地域福祉の確立
● 地域ケアシステムの構築

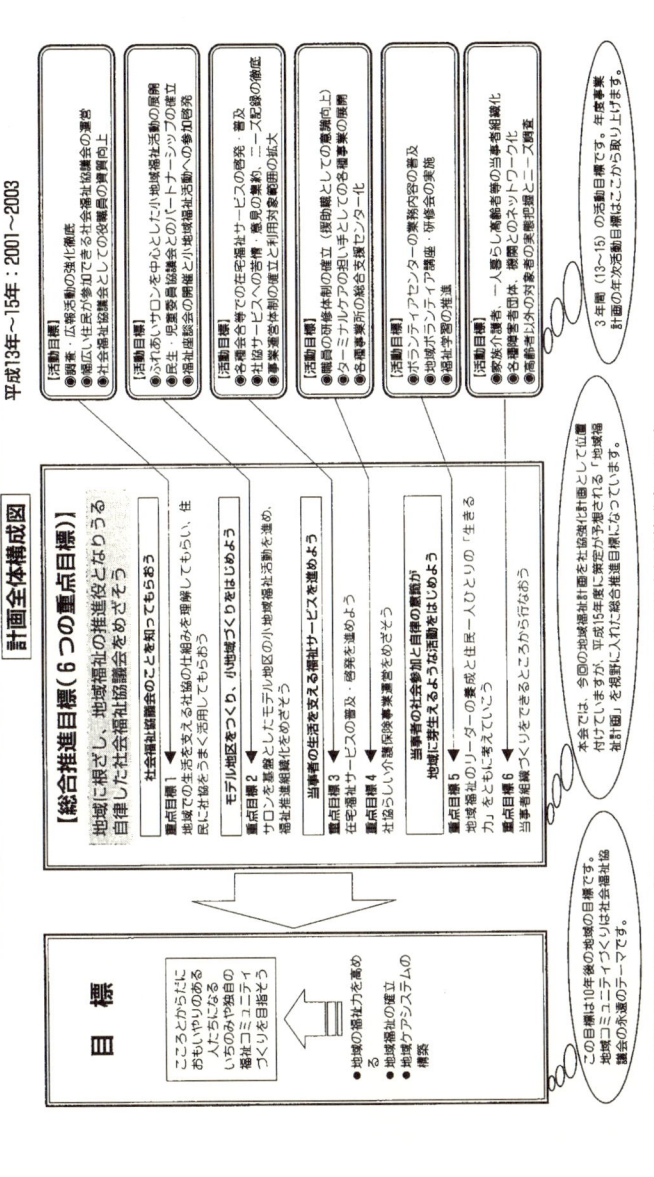

この目標は10年後の地域の目標です。
地域コミュニティづくりは社会福祉協議会の永遠のテーマです。

（一宮町社会福祉協議会,『第二次地域福祉推進計画』, 一宮町社会福祉協議会, 2001）

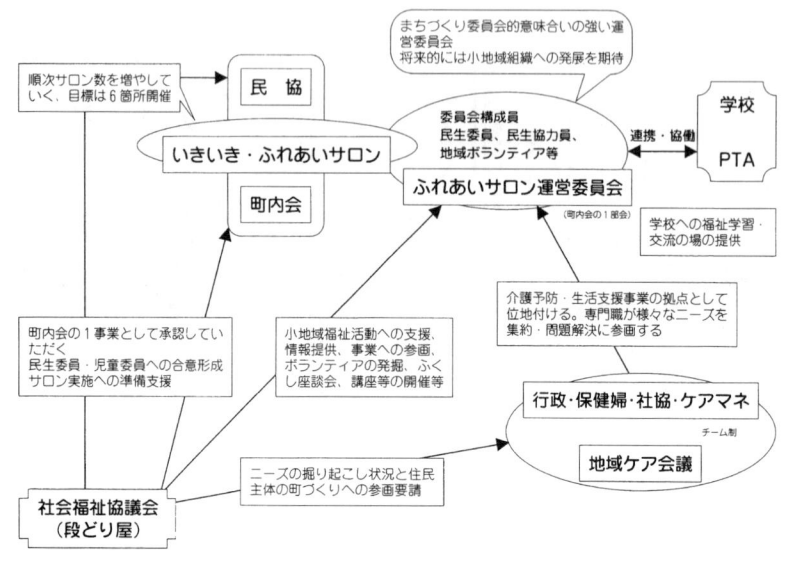

図12-2 小地域福祉推進モデル地区の進め方

（一宮町社会福祉協議会，『第二次地域福祉推進計画』，一宮町社会福祉協議会，2001）

尾崎地区では，図2のイメージで活動が進められている。活動の中心に「ふれあい・いきいきサロン」が据えられ，その運営委員会を組織化し，今後，小地域推進組織へ発展させていく構想をもっている。

この活動を開始するにあたり，地区民生委員児童委員協議会の協力が非常に大きく，社協側も何度も地区へ出向いて趣旨を説明し，会議などを活用し広く理解を求めた。また，地区内の町内会長，公民館，学校長，単位老人クラブ会長，ボランティア，民生委員児童委員，民生協力員，社協役員，保健師などが参加する「地域を考える会」という座談会を継続して開催し，徹底したグループディスカッションを行い，さらなる活動展開に向けて検討を進めている（今後は学習会として継続する予定）。一般住民向けにはわかりやすい図3のようなチラシを作成し配布した。

② 地域福祉学習の取り組み

計画では重点目標5に位置づけられている「地域福祉のリーダー養成」につ

第 12 章　地域福祉の実践例

図 12 - 3　小地域福祉推進モデル地区事業（尾崎モデル）（一宮町社会福祉協議会）

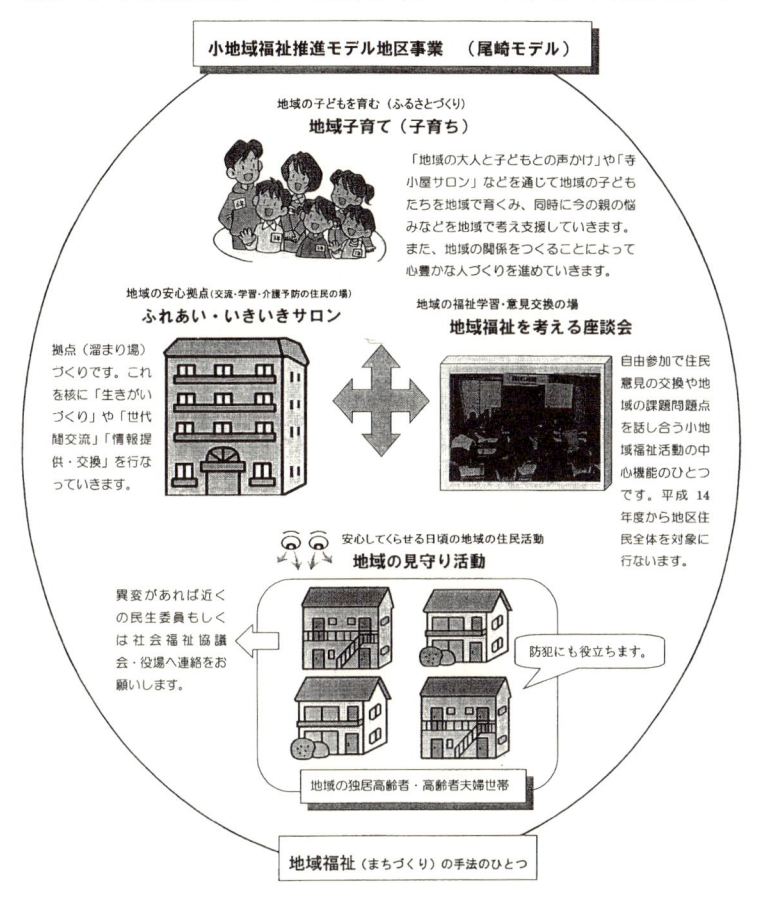

いては，「福祉のまちづくり学校」とした住民福祉講座集中月間を設け，地域福祉を体系的・実感的に学ぶ取り組みを開始している。地域福祉活動について学ぶクラスと福祉サービスについて学ぶクラスに分け，それぞれ 4 本ずつの研修プログラムを用意。地域福祉活動クラスでは，社会資源マップづくりや，キャップハンディ，当事者の声を聴くプログラムなどが組まれた。福祉サービスクラスでは，サービスの基礎知識や予防の気づき，マイケアプランづくりなどが行われた。最終日には両クラス合同で卒業制作として「地域福祉をデザイ

図12-4 各関係機関関連図

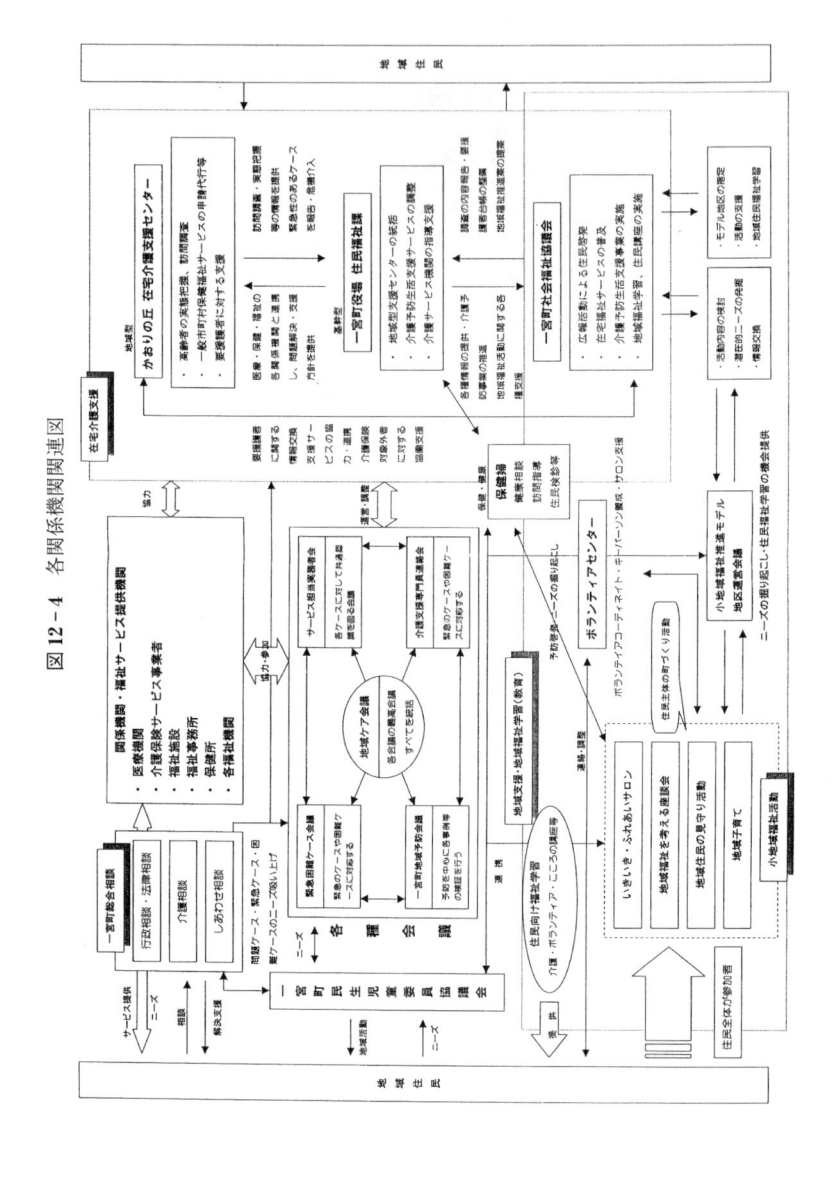

ンしてみよう」と，地域のいいところ，変えたいところ，これから取り組むべき活動についてまとめた。この卒業制作は，次回の社協地域福祉推進計画の基礎資料として活用される予定である。

③　地域ケアシステム構築にむけて

社協活動として，非常に重要である地域福祉関係機関間の調整については，当社協では福祉サービス利用援助事業（地域福祉権利擁護事業）の取り組みなどをきっかけに，町役場，保健師，在宅介護支援センターと連携を密にしている。また，介護保険の導入をきっかけに介護予防の重要性に着目し，関係者の集まる「予防検討会」を組織して町内の社会資源の再組織化に取り組んでいる。このような取り組みのなかで整理されたのが，図4の連携図である。

注
(1)　A市ではこの件について検討実施の意向である。

終　章

地域福祉の課題と展望

　基本的に人間は，自らの生活を自らコントロールすることを欲しているので，地域施策の一つひとつにしても，地域に居住して好ましい自己実現のために展開される施策立案でなければ意味のないものになる。したがって，地域福祉計画や計画立案一つにしても住民参加といわれるように住民意識の反映が必要であるから，住民のための暮らしやすい地域づくりについて言えば，行政立案ではなく，住民主体の地域福祉活動が問われる所以である。当然，ＮＰＯやボランティアの活動もこれからは重要な生活支援のための一つのシステムとして重視されることになる。しかし，それには情報開示や提供，あるいは住民の組織化やネットワーク化がある程度必要であり，このコアを誰が行うのか，また独居者の権利擁護はだれが行うのか，その相談窓口やコーディネートを誰が行うのかが問われる。この問いに答えるには，まさに各地域で福祉活動を展開してきた社会福祉協議会こそその第一線機関として地域に根づき，地域住民のためのコーディネートや権利擁護，情報提供者としての役割を担う機関としての意義をもつのであり，再組織化されることが必要である。この課題と展望こそ，これからの地域福祉実践展開の要の一つといえそうである。

1　地域福祉概念の混乱

地域福祉における「地域」の理解
　生活を営む者にとっての地域とは何かと問う場合，それは一般的に一口で説

明するならば生活の場ということであり，一種の「生活圏」としてとらえることができる。このように考えると，地域を単位に基礎自治体である行政区画としての市区町村に地域を当てはめるのではなく，生活者の生活行動範域のなかでとらえる必要があるように思う。近年，わが国の福祉制度は長らくその援助基調としてきた措置から契約への制度転換をはかり，これまでの行政区域と権限による援助体制を越えて利用者の選択によるサービス利用に至る視点を打ち出した。また介護保険実施下では，福祉ＮＰＯ，民間事業者の多様性やサービスの充実度から，管轄の行政区域を越えた利用が注目されはじめた。一方，隣接領域では，小学校通学区の自由選択制の採用もみられ，このような社会情勢を考えると，これまでの地域理解が一面的かつ形式的であったことを反省させられる。

　いわゆる生活圏はその人の性別，年齢，職業，身体状況，居住形態等によっても異なり，また都市部と農村部といった都市構造の違いによっても多種多様である。このような状況を考慮して，ここでは「地域」を一応人々の「生活圏」＝「生活行動範域」としてとらえておきたい。

地域福祉とは何か

　社会福祉基礎構造改革では，改革の具体的な内容として，利用者本位の社会福祉の構築，質と効率性の確保，社会福祉事業の推進に加えて，地域福祉の推進を重要な柱としている。社会福祉基礎構造改革の「中間まとめ」においては，「家庭や地域の中で，障害の有無や年齢にかかわらず，社会参加ができ，その人らしい生活が送れるよう，それぞれの地域において総合的なサービスを受けられる体制を整備することが重要」と述べている。このように地域福祉推進の重要性について述べている一方，地域福祉の多義性から，いまだに地域福祉なるものの明確な姿は見えてこない。なぜなら，それは地域福祉の視点や価値，あるいは構造や概念がそれぞれの立場によって異なるからに他ならない。月並みではあるが，「地域福祉」をとらえるうえで，再度，主体と対象と方法から整理する必要性を感じている。

ちなみにここでいう主体とは，個人・組織・団体を含む実施主体であり，サービス提供主体であり，変革の主体でもあり，何らかの起点になるものとしてとらえておきたい。この場合，一般には社会的弱者と呼ばれている高齢者や障害者，女性等も当然主体であってよいし，概念の混乱を避ける意味で，ここでは地域福祉を一応以下のように定義しておきたい。

「地域福祉とは，同じ生活圏において共通の関心を持つ者同士が，協働し，支え合い，必要な情報を共有化しながら，その地域で住み続けることを目的として，互いの生活問題を解決するための仕組み」としてとらえておきたい。

2 地域福祉と行政

地域福祉とコミュニティ政策

　わが国における地域福祉の概念は，その多義性と欧米諸国における理論の影響からコミュニティとの関係で論じられることが多い。もっともわが国の地域福祉は今日まで，ひとことで言えばコミュニティ政策と同じ歩みをしてきたように思える。

　コミュニティ政策とは，行政主導でコミュニティづくりを進めることをいうが，1970年ごろより，当時の厚生省，経済企画庁などの中央省庁で相次いで考えが打ち出されるようになってきた。この背景には，1960年代の高度経済成長政策によって生じた急激な社会の都市化や産業化などに伴って，旧来からの地縁や血縁などのつながりが解体し，住民の孤立化や分散化，地元での無関心やパーソナリティの極度の個人主義化などが進むようになってきたことがある。コミュニティづくりが相次いで打ち出されたのも，この変化につれて各地域でさまざまな病理現象を生み出し，これが次第に拡散して，行政としても放置できないという危機意識が生まれてきたことからであろう。

　このような地域社会の構造変化によってインフォーマルな人間関係は変化してきたが，さらにその状況に加えて，高齢社会の到来によって，単身および夫婦のみの高齢者世帯が増加し，ホームヘルプサービスや訪問活動による孤独の

回避や孤独死の防止などの対策が必要になり，支え合うコミュニティの復活が求められるようになった。この時代背景を受けて，今日の地域福祉は，地域における市民生活で重要な位置を占めるようになってきたといえよう。

社会福祉基礎構造改革における地域福祉計画の策定では，単に地域福祉を推進するための計画のみでなく，地域のあり方にかかわる計画立案が重要な地域対策になってきている。

社会保障審議会福祉部会の「市町村地域福祉計画及び都道府県地域福祉支援計画策定指針の在り方について」では，市町村地域福祉計画の策定にあたって社会福祉協議会の役割を次のように述べている。「地域福祉を推進する様々な団体により構成された市区町村社会福祉協議会は，社会福祉法において地域福祉を推進する中心的な団体として明確に位置づけられている。また，社会福祉協議会は，元来，地域住民主体を旨とした地域住民の参加の推進やボランティア，福祉教育，まちづくり等の実績を有することを踏まえ，地域福祉計画策定に当たっては市町村の計画策定に積極的に協力することが期待される」としている。市区町村社協が地域福祉計画の策定にあたって，このように大きな期待をうけているのは，「地域福祉計画」が住民参加を不可欠とし，重視されている証拠といえよう。

地域福祉と地方自治
① 地方分権のなかの地域福祉

中央集権的な福祉国家体制のもとで，社会福祉の一分野とされる地域福祉と地方自治体における地域福祉の概念には大きな違いがある。いわば，これまでの制度的な福祉サービスは中央集権下での福祉施策で，サービス提供の形態が措置という行政処分型の供給システムの時代であった。制度的には，機関委任事務方式によって，地方自治体は国の下請け機関として位置づけられて，国の決定に従うという職務体質がつくられてきた。その後，機関委任事務から団体委任事務へ制度的改正が行われ，自治体がみずからの意志をもって地域の実情にあわせた制度を実施する素地ができはじめたのである。しかし，現状では未

だにこれらの条件が生かされていないことが多く，中央集権的福祉行政の意識をいかに払拭していくかが今後自治体に求められている。

② これからの地域福祉計画

これからの地域福祉領域では，公的制度のみならず自主的・自発的民間社会福祉活動が重要な役割を担うことになる。したがって，自分達が利用し，活用するかもしれない福祉サービス体制に地域に居住する住民の意思を反映させたいという動きはますます高まってくるものと思われる。

改めていうまでもないが，これからの地域福祉計画は地域住民にとって重要な意味をもつことになるが，さらに，1999年に成立した「地方分権の推進を図るための関係法律の整備等に関する法律」（以後，「地方分権一括法」）が方向とする地方自治体の自己決定権の拡充と自己責任の確立をめざすならば，地方自治体にとって地域福祉計画をいかに策定するかが今後の大きな課題になる。とりわけ，これからの高齢社会にあっては，保健・医療・福祉などの対人サービスの充実が最重要要件になることは必至である。このため，高齢化の状況や社会・経済的な地域特性などに応じた，きめ細かで多様なサービスを総合的に展開していくために，地域住民に最も身近な市区町村主体の地域福祉活動の実践を推進することが重要になってくる。

地方分権一括法の主な中身は，

(1) 国と地方自治体の役割分担の明確化

(2) 機関委任事務制度（法令により，国が国の一機関として地方自治体の長に執行を委任している事務）を廃止し，法定受託事務（国が本来果たすべきだが，法令により地方自治体が行う事務）と自治事務（地方自治体の事務のうち法定受託事務を除く事務）に区分するなどである。

また，国の関与の廃止・縮減などの見直しについては，

(3) 地方への権限移譲の推進

(4) 職員・付属機関・資格などの必置規制の廃止・緩和などの見直し

(5) 地方行政体制の整備，議会の活性化

などである。

地方分権一括法の課題は，

(1) 地域における総合行政を実現させるための地方税等の税財源強化などの財政措置が具体化されていない。

(2) 国や県から市区町村への権限移譲が不十分で，とくにさまざまな大都市問題を抱える指定都市には大幅な移譲が必要になることがあげられる。

地方分権一括法をうけて，たとえば東京都では次の2つの原則をあげている。

(1) 市区町村主体の地域福祉推進

1990（平成2）年に老人福祉法などのいわゆる福祉8法が改正され，市区町村主体の地域福祉推進の幕が上がった。しかし，法的な整備が整った後も，国や市区町村，民間などとの役割分担が十分整理されてこなかった。

そのため，介護保険制度の実施を契機に，都と市区町村の役割分担を一層明確化し，市区市町村が主体的に福祉サービスを展開できるようにするしくみの確立をめざしている。

(2) 自助・共助・公助のバランスのとれた地域福祉の実現

東京都は市区町村とともに，これらの公益的・相互扶助的な活動がさらに広がるよう支援していくとともに，社会福祉法人・医療法人やNPOなどの公益的団体，企業などとも幅広く連携して，東京の地域社会を蘇らせ，身近な地域で助け合い，支え合う協働のしくみづくりを積極的に進めようとしている。

また東京都では，地域福祉の三相計画なるものを推進している。三相計画とは，東京都が策定する「地域福祉推進計画」，市区町村の策定する「地域福祉計画」，市区町村社会福祉協議会（以下，社協）が策定する「地域福祉活動計画」の三計画をさし，これらの計画を各自治体が協力して主体的に実施しようとの考えである。

とくに地方分権が進められている今日，市民本位，住民本位の地域福祉を推進するためにも，いかに生活者の声を市区町村社協が汲み取るかが鍵になる。それには，まず社協自体が地域福祉活動計画についての意義を十分理解し，いかに策定するかを研究する努力が必要であろう。たとえば，どのような市民や福祉関係者から，どのようにして意見を徴収するかによって，計画の意味は

違ってくるし，また形式的なものに終わる危険性もある。近年，審議会や委員会に住民代表のメンバーを含めることは一般的になりつつあるが，自分たちが選んだ団体の代表に委嘱する場合，同じ人がいくつもの委員を掛けもちしていると，実際には課題について勉強する時間もなく，あまり関心も呼び起こすこともなく職責上出席しているという形式的なものになり，会議内容が形骸化してしまうおそれがある。この点で，一定数を公募委員にし，参加しながら住民が学習の機会をもつことの必要性が高まりつつある。

また，これまでは，サービス供給の担い手としての参加が重視されたが，これからは，市民としてのエンパワーメントとアドボカシーを基底にして，参加の幅を広げていくことが必要である。また，措置から契約へと転換した今日，自ら選択が困難な人々が適切に利用できるように，地域で支援するシステムの整備と運用が課題になる。

国の権限を地方自治体に委譲し，また，そこからインフォーマルな活動を活性化し，地域で特色あるサービスを提供していくという点で，地方分権一括法の制定は意味がある。しかし，公的サービスのあり方や役割を明確にし，行政責任を確実に担保したうえでの権限委譲でない限り，単なる責任転嫁に終わってしまうおそれがある。あるいは，安上がり福祉，または行政サービスの丸投げに陥る危険性があることを指摘しておかなければならない。地方自治体においては，地域福祉活動を展開する個人や団体が円滑に活動できるような地域的な活動条件や環境整備，活動費などの支援体制を整えることも必要である。たとえば，民間団体である市区町村社協あるいは福祉NPOなどへの支援体制は不可欠である。とかく民間団体を行政の下請け的な存在として位置づけるのではなく，あくまでも住民に必要な地域サービスを創造的に提供していく主体として積極的に位置づけて支援する必要がある。

市区町村社協には，すでに述べたような課題はあるが，地域において社会福祉法人・医療法人や福祉NPO，ボランティア団体，企業などとも幅広く連携して，生活問題の把握と解決のために，身近な地域での助け合いや支え合いという協働のしくみづくりを積極的に進めなければならない。近年，DV，引き

終　章　地域福祉の課題と展望

こもり，ひとり暮らし高齢者などこれまではあまり見えてこなかった問題が顕在化しつつある。これらの問題を地域住民のつながりや助け合いのなかでいかに解決していくがが重要になっている。ひとことで言えば，地域のネットワークづくりと支援システムづくりである。今後の地域福祉は，生産や労働を支えるための家族，家庭の枠組みを超えて，個々人が充実した生活を快適に営む場としての地域を，地域住民の連帯をとおして再構築していくことが課題となる。

3　地域福祉の課題と展望

　各地域における生活者がもつ福祉ニーズに対しては，行政による制度的な在宅福祉サービスもさることながら，官民一体による総合的なサービス提供が前提として求められる。すなわち，公の分権化が進み，措置から契約へとサービス利用に対するシステムの改革が行われ，保健・福祉サービスの担い手が多元化するなかで，地域の個性を視野に入れた福祉サービス体系をどのように構築していくかが，いま地方自治体をはじめ社協等に求められている。
　地域の福祉ニーズは他の地域と共通する普遍的なものと，その地域における特徴的なニーズに区分される。とくに後者に対しては，制度的なサービスの運用においても，地域の特性にみあった方法が工夫されなければならないが，既存の福祉サービスのみでは解決できないものも少なくない。このようなことから，既存の福祉サービスの点検と見直しを行うとともに，ことに民間活動による小回りの効くサービス提供を考慮にいれる必要がある。
　近年，各地で，こうした課題に答えて，住民参加にもとづく地域計画の策定やサービス利用に対する支援のあり方など，さまざまな政策と実験的・開拓的研究や試行的取り組みが広がりを見せている。これからは，地域住民，社協，福祉NPO，ボランティア，指定事業者，行政などがそれぞれにどのような役割を担い，どのような方法で効率的かつ効果的な実践を展開していくかを考えていく時代である。
　介護保険の展開や社会福祉基礎構造改革により，地域福祉のありようは劇的

に変容しつつあるが，このようななかで利用者や市民の主体性や権利性がますます重要視されるべきであろう。すなわち，市民の側がいかに主体的に各種のサービスを選択し，また望むサービスがなければ，市民の力でより好ましいサービスをいかにつくり出していくかが問われるのである。今後は，このような時代背景のもとに地域社協の役割と機能はますます重要なものになっていくものと考えられる。

＊

　社会福祉法では，社会福祉協議会が「地域福祉活動の推進を目的とする」という役割を明確にしている。このことは，地方分権が進められている現在，これまで以上に社会福祉協議会が地域福祉の中心的な担い手として期待されていることを示している。とくに，地域福祉の主体を生活者としての住民に置こうとするのは，住民はサービス対象者でもあり，サービス創造者でもあるという同時的存在としてとらえようとするところに意味がある。これからの計画策定への市民参画，住民参加の度合いは，当該地域のサービス水準を規定する基本的な要素としてもつ意味はきわめて重要である。住民参加は，ボランティア活動などのインフォーマルな側面で期待されてきた経緯があるが，これからは地域福祉計画策定過程での参画をどのように進めるかによって，サービスの中身が大きく変貌する。住民の地域福祉計画などへの参画を組織的にすすめることが社協の役割の一つでもあって，今後の地域福祉推進における社協のあり方が問われる所以でもある。

さくいん

あ
井岡勉 7
生きがい型デイサービス（生きがい活動支援通所事業）187
育成協 31
一次判定 175
イネイブラー 153
インターグループワーク 61,78
右田紀久恵 6,7,10
運営適正化委員会 97,181
運動論的アプローチ 7
NPO（特定非営利活動法人）40,122
NPO法（特定非営利活動促進法）40,123-130
エンゼルプラン 152
エンパワメント 69,153
オイルショック 5,81
大橋謙策 11,26,70
岡村重夫 1,5,8,24,67,80
奥田道大 22
オンブズパーソン 113

か
介護サービス 172
　——計画 176
　——提供の手順 174
　——の利用 179
介護支援専門員（ケアマネジャー）108,179,183
介護認定審査会 177
介護福祉士 101,102
介護保険事業計画 111,180

介護保険指定事業 89
介護保険制度 168,170
　——の理念 169
介護保険相談員派遣事業 111
介護保険の財源と保険料 171
介護保険法 41
介護予防・生活支援事業 114,183
介護療養型医療施設 173
介護老人福祉施設 173
介護老人保健施設 173
家庭養護婦派遣事業 30
環境改善サービス 46
看護師 106
企画指導員 102
機能的概念 8
共同募金 29
居宅サービス計画の作成 173
居宅療養管理指導 173
苦情解決 97
苦情処理 181
グループホーム 41,173
ケアマネジメント 48,183
公私協働・計画性の原則 76
構造的概念 6
高齢社会 66
ゴールドプラン（高齢者保健福祉推進10か年戦略）35,37,152
ゴールドプラン21（今後5か年間の高齢者保健福祉施策の方向）41
個我モデル 23
子育て支援短期利用事業 114
コミュニティ

——の共通要素　18
　　——の語源　16
　　——の喪失　19
コミュニティ・オーガニゼーション　60, 78
コミュニティ・ソーシャルワーク　63, 70
コミュニティ・ディベロップメント　62
コミュニティケア　4, 33, 79
コミュニティ政策　202
コミュニティモデル　23
コミュニティワーク　59, 63, 69
今後5か年間の高齢者保健福祉施策の方向
　　（ゴールドプラン21）　41

さ
在宅福祉型地域福祉論　10
在宅福祉サービス　32, 39, 45, 52, 81
　　——の戦略　81
真田是　7
参加型地域福祉論　11
シーボーム報告　24
支援計画　96
COS（慈善組織協会）　60, 61
事業型社協　39, 83
資源論的アプローチ　8
施設の社会化　34, 55
慈善組織協会（COS）　60, 61
自治型地域福祉論　10
市町村介護保険事業計画　180
市町村社会福祉協議会　82
市町村障害者生活支援事業　114
児童委員　106
児童相談所　105
児童福祉司　105
社会事業法　78
社会福祉関係八法改正　38
社会福祉基礎構造改革　40, 84, 201
社会福祉協議会　3, 30, 74, 75, 191, 208
　　——の活動原則　76
　　——の機能　76

　　——基本要項　31, 71
　　新——基本要項　39, 83
社会福祉士　101, 102
社会福祉事業法　47
社会福祉施設緊急整備5ヵ年計画　5
社会福祉法　41, 154, 208
住宅改修費の支給　173
住民参加型在宅福祉サービス　90
住民参加型福祉サービス団体　39
住民参加の福祉活動づくり　54
住民主体の原則　3, 31, 76
住民ニーズ基本の原則　76
受益者負担　182
主体論的アプローチ　8
障害者プラン（ノーマライゼーション七か年
　　戦略）　152
少子社会　67
小地域たすけあいシステム　88
小地域福祉ネットワーク活動　87, 196
自立生活運動　37
身体障害者福祉司　104
心理判定員　106
生活支援員　96
生協　106
精神保健福祉士　101, 102
制度政策論的アプローチ　7
成年後見制度　55, 108
世帯更生資金貸付事業　30
セツルメント運動　60
セルフケア　138
セルフヘルプ　137
セルフヘルプ運動　135, 142
セルフヘルプグループ　134-146
　　——の種類　136
専門員　96
専門性の原則　76
ソーシャル・サポート・ネットワーク　49
ソーシャルアクション（社会活動法）　62, 66
ソーシャルプランニング（社会計画法）　62,

さくいん

160
組織活動　46
措置制度　41

た
第一号被保険者　171
滞在型サービス　52
第三者評価基準事業　55
第二号被保険者　171
短期入所生活介護　173
短期入所療養介護　173
地域共同体モデル　22
地域コミュニティ　21
地域社会　22
地域社会福祉活動　2,20
地域診断　66
地域組織化　64
地域等への配慮　38
地域福祉活動計画　94
地域福祉活動指導員　102
地域福祉計画　93,151,156,157,204
　　　――の策定　159
地域福祉権利擁護事業　54,95,97
地域福祉支援計画　156,158
地域福祉推進計画　194
地域福祉
　　　――のサービス体系　51
　　　――の推進　12,85,155
　　　――の対象　44
小さな政府　81
知的障害者福祉司　105
地方自治体ソーシャルサービス法　63
認知症対応型共同生活介護（グループホーム）　41,173
地方分権　203,205
地方分権一括法　204
中間施設　34
通所介護　89,173
通所型サービス　52

通所リハビリテーション　173
低所得者対策　182
伝統型アノミーモデル　22
テンニース（Tönnies, F.）　27
特定施設入所者生活介護　173
特定疾病　171
特定非営利活動促進法（NPO法）　40,110
特別養護老人ホーム　185
都道府県介護保険事業支援計画　180
都道府県社会福祉協議会　96

な
永田幹夫　8,64
二次判定　177
ニーズ発見システム　87
日本型福祉社会　5
ニューステッター（Newstetter, W. I.）　61,78
ニルジェ（Nirge, B）　4
農協　107
ノーマライゼーション　4,33

は
バークレイ報告　25,63,70
パーソナルソーシャルサービス　4
配食サービス　186
パターナリズム　153
ハドレイ（Hadley, R.）　63
バンク-ミッケルセン（Bank-Mikkelsen, N. E.）　4
阪神・淡路大震災　40,193
フィランソロピー　89
福祉委員　106
福祉活動指導員　102
福祉環境づくり　53
福祉元年　81
福祉教育　91
福祉施設士　102
福祉事務所　104

福祉人材確保法　*101*
福祉人材バンク　*103*
福祉専門職　*100*, *104*
福祉組織化　*66*, *68*
福祉見直し　*5*
福祉用具の貸与・購入費の支給　*173*
プライバタイゼーション　*153*
ふれあい・いきいきサロン　*88*
ふれあいのまちづくり事業　*86*
ベバリッジ報告　*79*
保育士　*105*
訪問介護　*173*
訪問介護事業　*89*
訪問型サービス　*52*
訪問入浴介護　*173*
訪問リハビリテーション　*173*
保健師　*106*
保健所　*106*
ボランティア　*13*, *40*, *91*, *113*, *119*, *120*, *128-130*
　──活動推進7ヵ年プラン　*92*
　──元年　*40*, *118*

──教育　*91*

ま
牧里毎治　*6*, *9*
マッキーバー（MacIver, R. M.）　*27*
民間性の原則　*76*
民生委員　*106*
武蔵野市福祉公社　*35*

や
有償ボランティア　*11*, *120*
有料在宅福祉サービス　*35*
要介護度　*183*
要介護認定　*175*
予防・福祉増進的サービス　*53*

ら
利用契約制度　*41*
レイン報告　*61*
老人福祉指導主事　*105*
ロス（Ross, M）　*61*, *78*
ロスマン（Rothman, J）　*61*

執筆者紹介 （執筆順，＊印は編者）

＊斉藤　千鶴（第1章）
現在，関西福祉科学大学社会福祉学部社会福祉学科准教授。主著：『高齢者福祉総論』晃洋書房，2003年（共著）。『改訂　コミュニティワーク入門』中央法規出版，2003年（共編著）。

松岡　克尚（第2章）
現在，関西学院大学社会学部准教授。主著：『社会福祉援助技術論（下）』川島書店，2004年（分担執筆）。『障害者ソーシャルワーク』久美，2002年（分担執筆）。

中根　真（第3章）
現在，龍谷大学短期大学部社会福祉科准教授。主著：『ケアマネジャーの仕事』朱鷺書房，2002年（分担執筆）。『日本社会福祉法制史年表Ⅱ──戦後編』永田文昌堂，1999年（分担執筆）。

遠藤和佳子（第4章）
現在，関西福祉科学大学社会福祉学部社会福祉学科准教授。主著：『改訂　コミュニティワーク入門』中央法規出版，2003年（分担執筆）。

峯本佳世子（第5章）
現在，大阪人間科学大学人間科学部社会福祉学科教授。主著：『Who Cares?』中央法規出版，2003年（共監訳）。『改訂　コミュニティワーク入門』中央法規出版，2003年（分担執筆）。

塚田　健二（第6章）
現在，吉備国際大学社会福祉学部福祉ボランティア学科教授。主著：『幼児教育・保育講座11　児童福祉・社会福祉方法論』福村出版，1995年（共著）。『介護技術指導マニュアル』中央法規出版，1995年（編著）。

中井　譲（第7章）
現在，近畿社会福祉専門学校校長。主著：『改訂　コミュニティワーク入門』中央法規出版，2003年（分担執筆）。『学びやすい社会福祉概論（改訂版）』金芳堂，2003年（共著）。

成田　直志（第8章）
現在，関西国際大学教育学部教育福祉学科教授。主著：『日本の在宅ケア』中央法規出版，1993年（分担執筆）。『地域福祉の担い手』ぎょうせい，2002年（分担執筆）。

岩田　泰夫（第9章）
現在，神戸女学院大学文学部総合文化学科教授。主著：『ソーシャルワーク実践の基礎理論』有斐閣，2002年（共著）。『精神保健福祉論』中央法規出版，2007年（共著）。

＊杉本　敏夫（第10章，第11章）
現在，関西福祉科学大学社会福祉学部社会福祉学科教授。主著：『ケアマネジメント』メヂカルフレンド社，1996年（編著）。『新社会福祉方法原論』ミネルヴァ書房，1996年（共著）。

谷　寿夫（第12章1）
現在，社会福祉法人神戸聖隷福祉事業団・知的障害者通所授産施設神戸聖生園施設長。主著：『改訂　コミュニティワーク入門』中央法規出版，2003年（分担執筆）。

鈴木　貴子（第12章2）
現在，社会福祉法人白寿会法人本部課長。主著：『新版　地域福祉論』相川書房，2000年（分担執筆）。『介護予防大作戦　地域で進める介護予防』中央法規出版，2002年（分担執筆）。

大島　侑（終章）
監修者紹介参照。

＜監修者紹介＞

大島　侑（おおしま・たすく）
　1936年　生まれ。
　1961年　明治学院大学卒業。
　現　在　山口福祉文化大学教授。
　主　著　『社会福祉実習教育論』（編著）海声社，1985年。
　　　　　『社会福祉実習』（編著）海声社，1992年。
　　　　　『精神保健』（編著）川島書店，1997年。

シリーズ・はじめて学ぶ社会福祉⑦
地域福祉論

2004年6月25日　初版第1刷発行　　　　　検印廃止
2007年4月20日　初版第3刷発行

定価はカバーに
表示しています

監 修 者	大　島　　　侑
編 著 者	杉　本　敏　夫
	斉　藤　千　鶴
発 行 者	杉　田　啓　三
印 刷 者	後　藤　俊　治

発行所　株式会社　ミネルヴァ書房
607-8494 京都市山科区日ノ岡堤谷町1
電話代表（075）581-5191番
振替口座01020-0-8076番

©杉本敏夫・斉藤千鶴，2004　冨山房インターナショナル・酒本製本

ISBN 978-4-623-03812-1
Printed in Japan

大島　侑監修
シリーズ・はじめて学ぶ社会福祉
Ａ５判・全巻平均200〜250頁

- ❶ 社会福祉概論
- ❷ 社会福祉援助技術論
- ❸ 児童福祉論
- ④ 養護原理論
- ⑤ 障害者福祉論
- ❻ 高齢者福祉論
- ⑦ 地域福祉論
- ⑧ 社会福祉実習論
- ⑨ 介護福祉論

ミネルヴァ書房
白ヌキ数字は既刊
http://www.minervashobo.co.jp/